'S ainneamh Gàidheal a chluinneas an t-òran 'Coille an Fhàsaich' nach urr
e: Dòmhnall MacPhilip à Beàrnaraigh na Hearadh. Tha an t-òran air duais
a dhol air feadh an t-saoghail, is fonn eireachdail Dhòmhnaill fhèin ris. Ac
an t-òran as ainmeile a rinn e, is tha mòran eile de dh'annas a làimhe ri fhaighinn san leabhar
seo. Tha measgachadh math ann – feadhainn bhrosnachail, feadhainn thiamhaidh is feadhainn
èibhinn – ach ge brith dè an cuspair, tha a' bhàrdachd grinn, dealbhach agus ceòlmhor. Chan
eil teagamh nach deach 'fiacail a' bhàird' a bhuileachadh air Dòmhnall MacPhilip!

'S ann mu dheidhinn àite uaigneach san Eilean Sgitheanach a chaidh 'Coille an Fhàsaich'
a dhèanamh, mar a tha fhios againn uile. Ach b' ann am Beàrnaraigh, far a bheil taigh agus
dlùth-chàirdean aige fhathast, a rugadh agus a thogadh Dòmhnall fhèin. Tha e air cuid
mhath dhen t-saoghal mhòr fhaicinn, eadar seirbheis-cogaidh anns a' Chabhlach Rìoghail
agus grunn dhreuchdan, air an dùthaich agus anns a' bhaile. Tha dealbh air leth ùidheil agus
tarraingeach air òige ri faighinn ann an 'Sùil air ais' – aig toiseach an leabhair seo – ach chan
eil sin na iongnadh, oir tha Dòmhnall cho math air naidheachd innse is a tha e air bàrdachd a
dhèanamh, agus tha fèill air mar fhear-eachdraidh is mar sheanchaidh.

Tha Dòmhnall MacPhilip an-diugh air chluainidh ann an Gleanna Comhann ach bidh e gu
tric a' tilleadh air ais dhan eilean ionmhainn san d' fhuair e àrach òg.

Most Gaelic-speakers will be able to tell you who composed the song 'Coille an Fhàsaich' ('Fàsach Wood'): Donald MacKillop from the island of Berneray, Harris. With its beautiful melody – composed by the bard himself – it has won awards and become familiar throughout the world. But that's just one of his songs, albeit the most celebrated. This book introduces the lover of poetry and music to much more of Donald's fine handiwork: a wide variety of poems and songs, inspirational, plaintive, humorous. But whatever the theme, the poetry is always beautifully crafted and full of musicality. Without a doubt Donald MacKillop inherited the 'bard's tooth'!

'Coille an Fhàsaich' was inspired by a lonely wood in the Isle of Skye. But Donald himself was born and raised in Berneray, where he still has a home and close relatives. He has seen much of the world since then, including service in the Royal Navy and several other occupations, both urban and rural. In the introductory chapter of the book, 'Looking back', Donald paints a most fascinating picture of his own youth: but this should come as no surprise, for Donald is as good at telling stories as he is at composing poetry, and we welcome his debut in print both as historian and shenachie.

Nowadays Donald MacKillop lives in quiet retirement in Glencoe, but he often returns to the beloved island in which he was raised.

Coille an Fhàsaich

Am bàrd air Aiseag Bheàrnaraigh, 1994
The author on the Berneray Ferry, 1994

© Bill Innes

Coille an Fhàsaich

the Gaelic songs and poems of Donald MacKillop

Dòmhnall MacPhilip

edited and translated by Anne Lorne Gillies

BRÌGH

Foillsichte le Brìgh, 33 Stewarton Road, Dunlop KA3 4DQ Alba
A' chiad chlò 2008

Tha clàr-fhiosrachadh foillseachaidh dhen leabhar seo ri fhaighinn bho Leabharlann Bhreatainn.

Chuidich Comhairle nan Leabhraichean am foillsichear le cosgaisean an leabhair seo.

Published by Brìgh, 33 Stewarton Road, Dunlop KA3 4DQ, Scotland
First edition 2008

Designed and type-set in Minion Pro by Kevin Bree, Brìgh Productions, Dunlop

Printed and bound in Wales by Gomer Press, Llandysul Enterprise Park, Llandysul, Ceredigion SA44 4JL

A CIP record of this book is available from the British Library.

LAGE/lSBN: 978-0-9560877-0-6

Do mo bhean ionmhainn, Catrìona

ris an do choinnich mi nam òige agus a lorg mi a-rithist an dèidh iomadh bliadhna
nuair a bha an dithis againn nar banntraichean

Mo chaileag bhòidheach à Bail' a' Chaolais,
Ged as òg thu, gu bheil mo ghaol ort:
Do shùilean blàth is do nàdar coibhneil
Tighinn dlùth air m' aigne gach là is oidhche.

For my beloved wife, Catherine

whom I met in my youth and found again many years later
when we were both widowed

My lovely girl from Ballachulish,
Though you're so young, I'm in love with you:
Your warm eyes and your kind heart
Pervade my thoughts by day and by night.

Coille an Fhàsaich © Iain MacDhòmhnaill   *Fàsach Wood © Ian MacDonald*

Clàr-Innse

An ceòl / The Music

Facal-tòiseachaidh

Tha e air a bhith na thoil-inntinn dhomh fhìn agus do Chaoimhean Bree, an duine agam, co-chruinneachadh Dhòmhnaill MhicPhilip a chur ri chèile. Caoimhean a' dealbhachadh an leabhair: na dealbhan – cuid mhath dhiubh a thog e fhèin ann an Gleanna Comhann, am Beàrnaraigh agus san Eilean Sgitheanach, feadhainn eile a fhuair e bho dhiofar dhaoine coibhneil, gu h-àraidh bhon tasglann aig Comann Eachdraidh Bheàrnaraigh – agus cruth an leabhair air fad.

Mi fhìn a' feuchainn ris an ceòl a sgrìobhadh sìos gu fìrinneach, le taic o Iseabail T NicDhòmhnaill; notaichean meadhanach ciallach a chladhach a-mach às na mìltean de bheachdan 's de mheòmhrachan a th' aig Dòmhnall còir (le cuideachadh bho ghrunn dhaoine, gu h-àraidh Pheigi, nighean a' bhàird, agus Iain MacDhòmhnaill); rian a chumail air fad an leabhair – rud nach eil air a bhith idir furasta le bàrdachd cho inntinneach agus bodach (gabh mo leisgeul, a Dhòmhnaill, ach tha thu a-nis barrachd air ceithir fichead bliadhna a dh'aois, a bhalaich, ge b' oil leat!) cho math air sgeulachdan innse; agus rian a chumail air Catrìona, a bhean, a chuireadh às dhut buileach le bèicearachd mhath Earra-Ghàidheal nam faigheadh i cothrom; agus obair Dhòmhnaill eadar-theangachadh gu Beurla: rud a tha do-dhèanta – co-dhiù san dòigh a luthaigeadh tu – is cànan agus beachdan, feallsanachd is gnàthasan-cainnt a' bhàird cho fìor Ghàidhealach, agus a bhàrdachd cho pongail, làn brìgh agus àbhachdais ann an Gàidhlig, a tha cho mòr air chall ann am Beurla chruaidh.

Tha a' chuid as motha de bhàrdachd Dhòmhnaill ag èirigh às an eòlas fharsaing aige fhèin, bho chladaichean nan Eileanan Siar gu sràidean glasa a' bhaile mhòir, mar a gheibh sibh a-mach le bhith a' leughadh 'Sùil air ais'– an cunntas ùidheil a thug Dòmhnall seachad air a bheatha fhèin, gu h-àraidh air òige ann am Beàrnaraigh na Hearadh: tha Dòmhnall (agus mi fhìn) a' smaoineachadh gu bheil an cunntas seo a cheart cho cudromach ris a' bhàrdachd fhèin, agus abair gur e naidheachd tharraingeach, làn beòil-aithris a th' ann. (Mise a thuirt sin!)

A thaobh òrdugh nan dàn, chuir mi 'Coille an Fhàsaich' (an t-òran as ainmeile aige) aig toiseach an leabhair – mar gun tòisicheadh tu cèilidh le òran eòlach, làidir – agus an uair sin 'Gràdh dùthcha' airson muinntir Bheàrnaraigh a chumail rèidh: chì sibh carson nuair a leughas sibh e. Às dèidh sin chuir mi a' bhàrdachd air dòigh (cho math 's a b' urrainn dhomh) a rèir an òrduigh san do thachair gnothaichean ann am beatha a' bhàird. Chan urrainn dhomh a ràdh le cinnt gur e sin an dearbh òrdugh san deach gach dàn a dhèanamh, ge-tà, oir chan eil fhios agamsa agus chan eil cuimhn' aigesan!

Tha fuinn Dhòmhnaill ainmeil airson cho ceòlmhor, binn 's a tha iad: tha am bàrd na shàr sheinneadair, agus cluichidh e a' phìob agus an fheadag ged nach leugh no nach sgrìobh e ceòl. Chuir mi romham an ceòl a chur ri chèile ann an earrainn fa-leth, às dèidh na bàrdachd. Bha dà adhbhar agam: Caoimhean a chumail rèidh (dreach sgiobalta a chur air an leabhar, mar gum b' e – rud a tha èibhinn dhòmhsa, nam faiceadh tu an rum-obrach aigesan!) agus on a tha mi fhìn a' smaoineachadh gum bu chòir gach òran a bhith air fhaicinn agus air a leughadh, sa chiad dol a mach, mar phìos bàrdachd.

Ach, abair Àirde Mhòr dhan chèilidh phrìseil aig Dòmhnall: na fuinn àlainn, eòlach seo a lorg aig deireadh an leabhair. Dìreach mar a tha an leabhar fhèin a' nochdadh – chan ann aig deireadh a' Chèilidh Mhòir aig Dòmhnall fhèin, ach co-dhiù cairteal na h-uarach às dèidh na h-Eadar-ùine! Guma fada a mhaireas an Dàrna Leth. Tha a h-uile duine a th' air a bhith an sàs san leabhar seo a' cur dhùrachdan thuige fhèin 's gu Catrìona, agus a' guidhe deagh shlàinte dhaibh! Agus a' toirt mìle taing do Dhòmhnall fhèin airson 'fiacail a' bhàird' a chur gu feum ann an dòigh cho annasach, ùidheil agus èibhinn.

Bu mhath leam cuideachd taing a thoirt dha na deagh charaidean a leanas airson gach nì a rinn iad dhuinn:

Sue Wilson, Connie Bree, Harry Percival, Ailean Mac an Tuairneir, Bill Innes, Hugh Cheape, An Dr Urr. Ruairidh MacLeòid, Bill Lawson, Iain Murchadh Moireasdan, Dòmhnall Ailig MacPhilip agus Gloria NicPhilip, Fionnlagh agus Mairead Pheatarsan, Linda Gowans, Rebecca Fhearghastan, Isa Nic'Ilip, Stephen Darlington, Mòrag May NicIlleathain, Iain Aonghas MacCumhais, Sìneag NicIlleathain, Andy Rodger agus Comhairle nan Leabhraichean.

An Dr Anna Latharna NicGillìosa
Dùn Lùib, an t-Sultain, 2008

Foreword

It's been a real pleasure for myself and my husband, Kevin Bree, to compile and edit this collection of Donald's work. Kevin designing the book: the photographs – a good number of which he took himself in Glencoe, Berneray and the Isle of Skye, others which he was gifted by various kind people and organisations, especially the Berneray Historical Society – and also the whole shape of the book itself.

Myself doing my best to transcribe the melodies faithfully, with the help of Ishabel T MacDonald; to construct reasonably sensible notes out of Donald's myriad of opinions and memories (with the help of Peigi, the bard's daughter, and Ian MacDonald); to keep control over the length of the book – which has not been easy with such interesting poetry and a bodach (sorry, Donald, but you are now over eighty, my lad, whether you like it or no!) who is such a splendid raconteur; to keep control of Cathy, his wife, who would finish you off completely with good Argyll baking if given half a chance; and to translate Donald's work into English: which is impossible to do – at least the way you would like – when his language and ideas, philosophy and idiom is so totally Gàidhealach, and his poetry so clear-cut, and so full of Gaelic pith and humour, much of which is lost in English.

Most of Donald's poetry arises directly out of his own wide life experience, from the shores of the Western Isles to the grey streets of the big city, as you will discover upon reading 'Looking back'– the interesting account Donald has given of his own life, especially his youth in Berneray Harris: Donald (and I) think this account is every bit as important as the poems themselves: for what a fascinating story it is, full to the brim with traditional lore. (That's me speaking now!)

As regards the order of the poems, I placed 'Coille an Fhàsaich' (his most celebrated song) at the beginning of the book – in the way that one would begin a ceilidh with a strong, familiar song – and then comes 'Patriotism', to please the people of Berneray: you'll see why when you read it. After that I arranged the poems (so far as was possible) according to the order in which things took place in Donald's life. I can't be sure that they were composed in that order, though, because I don't know and he can't remember!

Donald's tunes are famously melodious and sweet: the bard is a super singer, and he can also play the pipes and the whistle, though he doesn't read or write music. I decided to put the melodies all together in a separate section after the poetry. I had two reasons: first to keep Kevin happy (to keep the 'look' of the book tidy, as it were, which is very funny to me, if you could see the state his workroom's in!) and because I personally think all the songs should be seen and read, for the first time at least, as pieces of poetry.

But what a climax – what a "Big Finish" to Donald's precious ceilidh: to find these lovely, familiar tunes appearing right at the end of the book.

Just as this book itself is appearing – not at the end of Donald's own Big Ceilidh, but certainly quarter of an hour after the Interval! Long may the 'Second Half' last. All of us who have been involved in the making of this book send our warmest wishes to Donald and Cathy, and wish them both the best of health! And we send a thousand thanks to Donald himself for putting his 'poet's tooth' to such lyrical, fascinating and amusing use.

I would also like to thank the following good friends for everything they've done for us:

Sue Wilson, Connie Bree, Harry Percival, Alan Turner, Bill Innes, Hugh Cheape, Rev. Dr Roderick MacLeod, Bill Lawson, John Murdo Morrison, Donald Alick and Gloria MacKillop, Finlay and Margaret Paterson, Linda Gowans, Rebecca Ferguson, Isa MacKillop, Stephen Darlington, Morag May MacLean, John Angus MacCuish, Sìneag MacLean, Andy Rodger and the Gaelic Books Council.

Dr Anne Lorne Gillies
Dunlop, September 2008

Ro-ràdh

Sùil air ais

Far an d' fhuair mi m' àrach òg

Feumaidh mi aideachadh gun do rugadh mi ann an suidheachadh glè fhàbharach, ged a chaochail m' athair mu shia seachdainean mun do rugadh mi. Bha gach goireas againn airson ar feumalachd. Ged a bha an t-airgead gann, bha Beàrnaraigh beairteach, air sgàth toradh an fhuinn agus na mara. 'S ann anns an Fhaoilteach a rugadh mi ann an 1926, a' bhliadhna a bha an stailc mhòr ann am Breatann, ach ged a bha cuid de shluagh nam bailtean mòra ann an droch staing, gheibheadh na h-Eileanaich rudeigin a chuireadh air falbh an t-acras.

'S e tàillear a bha na mo sheanair Uibhisteach, agus nuair nach robh an t-airgead ann bhiodh e gu tric air a phàigheadh le gràn, buntàta, clòimh, snàth, no earras sam bith eile a dhèanadh feum an àite an airgid.

Bha e pòsta aig Anna nighean Tormoid 'icPhàic, no Bhàic, ach le mearachd chaidh an t-ainm sin atharrachadh gu MacPhilip. Chan eil fhios aig duine an-diugh carson. Bhuineadh m' athair dhan chinneadh sin cuideachd, 's e sin seann Chlann MhicPhàic.

Bha mo mhàthair ag innse dhomh gu robh cuimhn' aice, nuair a bha i fhèin glè òg, a bhith a dol seachad mullach Beinn a' Chlaidh air oidhche bhrèagha ghealaich còmhla ri a màthair fhèin, Bean an Tàilleir, le peice de ghràn eòrna airson a bhleith[1]. Cha robh brà san àite aig an àm sin ach brà a bh' ann an taigh Uilleim MhicMhaoilein, a bha air taobh thall na beinne. Bha Clann MhicMhaoilein nan cìobairean ann am Borgh mus deachaidh an tac a roinn na ceithir fichead croit ann an 1900. Bha iad cuideachd nan cìobairean ann an Àird Teinnis, ann an Uibhist a Tuath. Bha iasad de bhrà an-asgaidh, agus bha daoine ga cur gu feum glè thric. Bha deagh rathad air a' chòmhnard gu taigh Uilleim, ach leis na bhiodh de luchd-cèilidh a' tachairt ri chèile air oidhche bhrèagha ghealaich, bhiodh mo sheanmhair, leis a' chabhaig, a' toirt dhaibh 'car mu chnoc'. Ach

---

1   Chithear dealbh de mhàthair Dhòmhnaill, nuair a bha i na seann aois, air t.d. 45

bha a cèile, an Tàillear, calg-dhìreach an aghaidh sin: bha esan sona gu leòr a' cluich an fheadain agus ag aithris sheann sgeulachdan nuair a bhiodh obair an latha seachad.

Dh'fhaodadh duine leabhar a sgrìobhadh mu Bheàrnaraigh ma chaidh a thogail san eilean, agus tha gu leòr beul-aithris ann fhathast, ach feumaidh mise an cuspair sin fhgail an-dràsta.

Nuair a bha mi mu thrì bliadhna dh'aois agus a' tòiseachadh air mothachadh do rudan a bha a' tachairt mun cuairt dhomh, tha deagh chuimhn' agam air mo leth-bhràthair, Dòmhnall Ailig, a bhith tighinn dhachaigh le eala bhàn a mharbh e gu tubaisteach nuair a thàinig i eadar e 's na geòidh air an robh e a' losgadh. Bha sinn uile duilich, oir thuirt iad rium nach robh eun eile cho bòidheach no cho modhail san ealtainn. Mar a chaidh innse dhomh, tha an eala a' cosnadh a lòin gu h-ealanta, gun dragh a chur air creutair beò eile. Tha gu leòr dhiubh air lochan Bheàrnaraigh, agus guma fada a bhitheas. Thug bàs na h-eala buaidh mhòr air m' inntinn, ged nach robh mi ach trì bliadhna, agus tha ùidh agam annta on uair sin.

Ged nach robh e ach mu sheachd bliadhna deug a dh'aois, ghabh Dòmhnall Ailig air fhèin coimhead às dèidh a dhithis bhràithrean agus banntrach athar (is i mo mhàthair an dara bean a bh' aig m' athair). Bha e ri iasgaich agus sealg agus le each is cairt air a' chroit a bha aig bràthair m' athar. Bha dà theaghlach ann an taigh mo sheanar, agus ged a bha e fhèin air caochladh, bha a chlann a' fàs mòr agus an taigh a' fàs beag.

An taigh ùr

Nuair a bha mise ceithir bliadhna dh'aois, thàinig oirnn taigh mo sheanar fhàgail agus a dhol a dh'fhuireach ann an taigh beag tughaidh a bha ri taobh na mara air rubha beag ris an abrar Rubha nam Bodach. Chan eil fhios againn carson, ach tha aona bhodach a' fuireach anns an rubha sin fhathast, mo bhràthair Tormod[2]. Tha na taighean-tughaidh air falbh agus tha an t-eilean an-diugh cho Gallta air fàs, ach a-mhàin gu bheil a' Ghàidhlig ann fhathast.

'S e bodach còir ris an cante Coinneach MacGhilleMhoire a thug an taigh beag seo dha mo mhàthair. Cha robh ann ach dà sheòmar, rùm-cadail agus rùm-còmhnaidh. Bha an rùm-cadail rudeigin mòr – bha dà leabaidh ann às ceann a chèile – agus bha leaba aon-neach anns an rùm-còmhnaidh. Abair gu robh an taigh seo seasgair. Bha e air a lìnigeadh le fiodh agus air a dheagh thughadh le muran. Chuir fear às an àite an taigh air dòigh roimhe seo, ach dh'fhàg e an t-eilean mus deach e a dh'fhuireach ann.

Bha taigh a' bhodaich mòr, le trì rumannan. Cha robh luidhear idir ann, ach an teine ris a' bhalla-tharsainn a bha eadar an t-ionad-cadail aige agus an rùm-còmhnaidh. Bha fairleus aig gad-droma an taighe airson ceò na mònadh a leigeil a-mach agus beagan solais a leigeil a-steach. Cha robh air ach aon doras le lùdagain fiodha, agus cnotag le sreang airson a togail. Cha robh glas riamh air taigh Choinnich. Cha robh feum oirre. Dh'fhalbh na lathaichean sin, agus cha till iad tuilleadh.

Bha rud ris an can iad gròbag-fiodha eadar an doras agus an teine a bha mu chòig troighean air leud. Bha seo a' cumail gaoth an dorais on teine. Bha bogsa fiodha mu thrì troighean os cionn an teine, airson a' cheò agus an t-sùith a chumail às an t-seòmar. 'S e 'similear crochaidh' a their iad ris a seo anns an Eilean Sgitheanach, agus chunnaic mi fear dhen t-seòrsa seo ann a Bhatairnis faisg air dà fhichead bliadhna air ais, agus thug e an cianalas orm.

Bha an taigh againne ann an àite ris an canar am Port, air an rubha bheag a bha seo, agus le bàgh a bhith air gach taobh dheth, agus sruthan a' ruith dhan t-sàl aig ceann na talmhainn, cha mhòr nach robh an rubha na eilean, agus bhiodh e sin air fìor uair ainmig! Bha an taigh againne ceangailte ri taigh a' bhodaich agus bha esan glè thoilichte, oir bha na taighean againn mu cheud slat on taigh a b' fhaisge oirnn. B' e sin an aon taigh geal a bha air a' Phort, taigh Eachainn MhicFhionghain, am bàrd. Duine coibhneil agus làn spòrs. Tha leabhar laoidhean a-mach air, ach chan eil na h-òrain idir ann an clò fhathast.

2   Gheibhear dealbh de Thormod air t.d. 47

Bha ochd taighean-tughaidh aig a' Phort an uair a bha mise òg, agus bha trì fichead 's a trì air an eilean uile-gu-lèir, agus mu thuaiream dà fhichead taigh geal.

Bha màm-sice air a' bhodach agus dh'fheumadh e crios-leasraidh fad na h-ùine. Mar sin, bha Coinneach bochd, a' fuireach leis fhèin, agus e a' fàs aosta, a' faireachadh gealtach. Nuair a thàinig sinne ri thaobh bha e taingeil, agus nan robh càil sam bith ceàrr air, bhuaileadh e an leabaidh-dhùinte fhiodha anns an robh e a' cadal agus chluinneadh sinne e tron bhalla.

Mar a thubhairt mi, bha mise ceithir bliadhna dh'aois nuair a rinn sinn an imrich gu ceann a deas an eilein. Is cinnteach gur e Diluain a bh' ann. Bha an oidhche dorcha agus ghiùlain mo mhàthair mi fad an astair. Bha seo mu thrì chairteil a' mhìle. Bha mo leth-phiuthar agus mo bhràthair, a bha còig bliadhna gu leth, cuide rinn.

Nuair a ràinig sinn Rubha nam Bodach, bha làn àrd ann, agus an cuan dorcha a' lìonadh nam bàgh. Tha cuimhn' agam gun tuirt mi ri mo mhàthair, "An ann a' dol a mach air a' mhuir a tha sinn?" Ann an sùilean gille beag, nach ann ris a bha e coltach, oir cha robh an taigh ùr againn ach beagan cheumannan on t-sàl.

Bha udabac, gun mhullach gun chòmhla, timcheall air doras an taighe, airson fasgadh o na siantan, agus airson na soithichean uisge a ghleidheadh ann, airson fionnarachd, agus goireas eile cuideachd a bha na bu deiseile a-muigh. Bha daoine san latha bha seo a' dèanamh mòran dhen cuid obrach a-muigh, le dorsan fosgailte, air lathaichean brèagha, ach a-mhàin le geata-poca airson na cearcan a chumail a-mach. Mar bu trice bha cearcan a' Phuirt a' sgrìobadh am measg feamainn nam bàgh. Bha sin a' fàgail buidheagain nan uighean aca dearg agus fallain. 'S e 'uighean a' chladaich' a theirte riutha, agus chuireadh iad dath math air an fhuine.

Bha an taigh ùr blàth nuair a chaidh sinn ann, oir bha gealbhan laghach mònadh laiste agus gaoir aig a' choire air an t-slabhraidh. Las mo mhàthair an lampa ola, agus nuair a sheall mise mun cuairt orm, nach ann a bha àirneis an taighe a dh'fhàg sinn air a chur san taigh ùr. Rud a chuir annas mòr ormsa.

Le fìrinn, cha robh mi ro chinnteach dè a bha tachairt. Ach bha mo leth-bhràthair, a bha mu ochd-deug aig an àm, a' fuireach ann an taigh mo sheanar agus e a' feitheamh a dhol a-null thairis, agus thug esan a-nuas an àirneis againn le each is cairt bràthair m' athar, ach dh'fhuirich e fhèin san t-seann dachaigh gus an deach e do Chanada.

Bha mi fhèin agus mo bhràthair beag deònach coinneachadh ri ar nàbaidh ùr – Coinneach Siobla, mar a theirte ris air an eilean – ach chaidh ar cur dhan leabaidh le gealladh gum faiceadh sinn a-màireach e. 'S e craiceann caorach am brat-ùrlair a bha againn aig an leabaidh, ach 's e làr creadhadh a bha san taigh uile-gu-lèir, is gainmheach gheal ùr a' dol air an làr a h-uile latha, mar a bha cumanta anns na taighean-tughaidh aig an àm, gu h-àraid ann am Beàrnaraigh, far a bheil na ceudan tunna dhith. (Bha sinn seachd sgìth ga slaodadh dhachaigh air ar druim ann am poca.) Cha robh na boireannaich ag iarraidh gainmheach shiabain idir ach tè thais, a sheasadh a-mach gu brèagha air feadh an ùrlair.

Ach air ais gu ar ciad oidhche san taigh ùr aig a' Phort. Chaidh ar càradh dhan leabaidh, agus 's e muran am bobhstair a bh' againn agus bha e gu math biorach tron deuraidh, ach cha b' fhada gus an do thàlaidh fuaim sruthan Chaolas Uibhist sinn, agus chadail sinn gu sìtheil fad na h-oidhche.

'S e comhart aig an doras tràth sa mhadainn a dhùisg sinn. Cò bha seo ach Gìogan, cù bràthair m' athar, a bha san aon taigh rinn on latha a rugadh sinn. Bha esan gu dìleas a' dèanamh cinnteach gu robh sinn slàn sàbhailte. Rinn sinn toileachadh mòr ris, agus dh'fhuirich e greis còmhla rinn mun do thill e dhachaigh, agus riamh gus an do dh'fhàs e ro shean bhiodh e a' tighinn air chèilidh oirnn.

Imrich

Nuair a bha mo leth-bhràthair mu ochd bliadhna deug a dh'aois, rinn e an imrich gu Canada, agus chaidh mo leth-phiuthar do sgoil Chinn a' Ghiùthsaich. Cha robh obair aig Dòmhnall Ailig ann am Beàrnaraigh freagarrach do bhalach òg. Cha robh athair agus a mhàthair fhèin beò. Reic e eathar-iasgaich athar agus, mar a rinn iomadach òigear eile, chaidh e a-null thairis. An latha a dh'fhàg e, bha sinn ga chaoidh gu mòr, agus gu h-àraid mo bhràthair, a bha bliadhna gu leth na bu shine na mise. An oidhche sin thug esan currac Dhòmhnaill Ailig dhan leabaidh leis, ach cha robh sgeul air a' chù aige.

An ceann seachdain fhuair sinn cù bochd Dhòmhnaill Ailig air a bhàthadh ann an sgor sa chladach. Dh'fheuch e ri snàmh às dèidh a' bhàt'-aiseig a bha a' giùlain air falbh a mhaighstir, agus thug an sruth buaidh air. Thòisich bròn nam balach às ùr nuair a chunnaic iad an cù bàthte air an robh am bràthair cho gaolach.

Phòs mo bhràthair nighean ghasta ann an Canada. À Leòdhas a bha a h-athair, agus bhiodh ise a' sgrìobhadh thugainn gu tric. Thàinig an nighean aca agus a seanair Leòdhasach a shealltainn oirnn, ach cha tàinig Dòmhnall Ailig fhèin riamh, air sgàth a' chianalais a bhiodh air a' tilleadh air ais do Chanada.

Nàbaidh ùr

Ghabh sinn an tràth-mhadainn gu cabhagach agus fhuair sinn cead a dhol a thaigh Choinnich. Bha oisean balla-muigh ceann an taighe aige shìos air clachan a' bhàigh leis cho faisg 's a bha an taigh air a' mhuir. Bha an doras fosgailte romhainn – cha robh e dùinte ach air an oidhche – agus chaidh sinn a-staigh gu teagmhach, ach abair thusa gun d' fhuair sinne fàilte chridheil on bhodach, agus chuir e sinn nar suidhe air ciste a bha air cùl na gròbaig a bha faisg air an teine mhònadh.

Cha b' urrainn dhòmhsa mo shùil a thoirt dheth. Bha feusag dhubh sìos gu bhroilleach air, falt dubh sìos cùl a sheacaid agus mailghean dubha. Bha bonaid seòladair le bile dhubh air, ged a bha e na shuidhe aig an teine mhònadh. (Cha robh duine a' faighinn gual ach an gobha airson obair na goibhneachd.) Cha robh lìnigeadh no càil sam bith air na ballachan ach a' chlach lom mar a dh'fhàg an clachair i. Bha na clachan air fàs dubh leis an aois. Aig sealbh tha fios dè cho sean 's a bha an taigh.

Bha Coinneach anabarrach measail air cloinn, agus nuair a bhiodh iad ri mì-mhodh, bhiodh clann a' Phuirt a' ruith gu cùl cathair mhòr Choinnich, agus chan fhaodadh duine corrag a chur orra. Bha a dhòigh fhèin aige air modh a theagaisg dhaibh, agus dh'èisteadh iad ris. 'S e duine fìor ghleusta a bh' ann, agus fear a bha glic agus fiosrach ann an dòigh nan Gàidheal, ged nach dèanadh e leughadh no sgrìobhadh. 'S e an grèidhear a bha aca air tac Bhuirgh ann am Beàrnaraigh gus an deachaidh a roinn a-mach air na croitearan ann an 1900.

Tha mòran ri aithris mu Choinneach. Bha e cho math ri lèigh-chruidh sam bith, agus bhiodh croitearan a' tighinn a dh'iarraidh comhairle air mu ainmhidhean a bhiodh tinn. Bha Dòmhnall MacAsgaill, a bha a' fuireach faisg oirnn aig a' Phort, ag ràdh, "Nam biodh sgoil aig Coinneach, bhiodh e cho glic ri Lloyd George." 'S e Lloyd George an gaisgeach mòr a bha aig na bodaich, seach gun tug e dhaibh peinnsean, còig tastain san t-seachdain.

Chuala mi Coinneach fhèin ag ràdh gum biodh na bodaich a' moladh an airgid mhòir a fhuair iad mu thuaiream 1908. Bhiodh facal aig bodaich Bheàrnaraigh: "Tha mise cho sona ris an Rìgh air a' chrùn", ach seach gur ann a bha an crùn air an Rìgh, cha robh fios aig duine dè bha am facal a' ciallachadh. 'S e mo bharail gur e an crùn[3] san t-seachdain peinnsein a fhuair iad a bha iad a' ciallachadh. Cha chunntadh Coinneach ach ann an Gàidhlig, agus le cion sgrìobhaidh, nuair a bhiodh mo mhàthair ri obair aig daoine air pàigheadh-latha, bha maide aig a' bhodach agus bhiodh e a' toirt eaga mhòr ann airson

---

3   seann bhonn airgid a bh' ann aig an àm

obair latha, agus eaga bheag airson leth-latha, dìreach mar a bhiodh e a' dèanamh dha fhèin nuair a bhiodh e a-mach air a' phàigheadh latha, mar a bhitheadh iad aig an àm sin.

Thug mi iomradh mar-thà gu robh Coinneach cho math ri lèigh-bheathach sam bith. Mus do ràinig mi aois sgoile, mhothaich mi gu robh cearc leis an dèidh feamainn dhriamlaich ithe, agus bha iall dhith a-mach às a gob. Rug Coinneach air a' chirc agus cheangail e a dà chois ri chèile. Chuir e mise a dh'iarraidh snàth geal clòimhe, gun e bhith dathte idir, agus snàthad meadhanach mòr air mo mhàthair. "Carson?" arsa mo mhàthair. Fhreagair mi gu fìrinneach, "Chan eil càil a dh'fhios agam!" Chuir mo mhàthair an snàithlean innte, agus thug mise do Choinneach i. Ghoil e an uair sin iad ann an coire fad ùine mhòr. Chuir e an uair sin a' chearc eadar a dhà ghlùin. Bha mise a' geur-amharc air, agus mo dhà shùil gu sginneadh asam. Gheàrr e na h-itean agus an craiceann, agus an uair sin gheàrr e sgròban na circe agus thug e às cnap mòr de dh'fheamainn dhriamlaich. Dh'fhuaigheil e an uair sin an sgròban agus an craiceann aice. Chuir e a ceann fon sgèith aice agus chuir e na sìneadh air bòrd i, agus i mar gum biodh i marbh.

"Bidh i greis na cadal," thuirt e rium, "ach bidh i a' sgròbadh a-màireach sa bhàgh còmhla ri càch." Bha a' chearc dhubh, mar a thubhairt e, sa bhàgh làrna-mhàireach, ged nach do chreid mise e aig an àm. Bha mi an dùil gu robh i cho marbh ri sgadan.

Bha bothag-chearc Choinnich aig ceann an taighe aige, agus mar sin thog mo bhràthair bothag-chearc dha mo mhàthair mun do dh'fhàg e an t-eilean. Bha i pìos air falbh on taigh air cùl àite ris an abrar Àird Ma-Ruibhe, airson nach biodh na cearcan a' dol am measg cearcan nan cailleachan eile, gu h-àraid Magaidh agus Anna, a bha daonnan a' trod mu na cearcan. Bha a' bhothag seo againne os cionn Carragh nan Sealg, far am biodh na fir a' sealg eòin-mara, agus air ioma madainn bhiodh sgarbh no lach crochte air doras na bothaig, a' dearbhadh cho dealasach 's a bha na h-Eileanaich ri chèile.

Dh'fheumadh iad. Chaill iad mòran ghillean òga sa Chogadh Mhòr às gach eilean, agus ged nach robh mise ach òg, chuala mi tric mu na gillean a chaill am beatha sa bhlàr, gun chàil air a shon ach fìor bhristeadh-cridhe dham phàrantan.

Mo sheanair Uibhisteach

’S e boireannach aig an robh creideamh làidir a bha na mo mhàthair, agus dh’ionnsaich mo sheanair Uibhisteach mòran dhi mu obair banaltramachd. B’ esan Gilleasbaig MacLeòid à Baile Mhàrtainn ann an Uibhist a Tuath, agus bha e a’ toirt a-mach na dotaireachd gus an do bhrist e a chas, agus an uair sin chuir a chuideachd e do Glaschu a dh’ionnsachadh na tàillearachd. Bha e sia bliadhna aig a’ cheàird a bha seo, a’ cadal fon bheing-obrach fad na h-oidhche am measg nan clòithtean Gallta. Dh’fheumadh tu bhith math mus deigheadh do chumail anns an obair, oir bha aca ri tuilleadh airgid a thoirt dhut, agus bu shaoire dhaibh gille òg eile fhastadh air beagan pàighidh. Bha fàrdach anns a’ bhaile mhòr daor do bhalach òg às na h-Eileanan an Iar.

Ach chùm Gilleasbaig air a’ dèanamh leigheasan do dh’euslaintich. Rud neònach, ’s ann le bhith a’ suathadh pìos glainne ri cloich a bhiodh e a’ dèanamh an fhùdair airson nam purgadairean a bha seo. Chan eil cinnt aig duine an-diugh càit às a thàinig Clann ’icLeòid a bha seo. Thuirt aon duine rium gur ann à Leòdhas a thàinig iad nan cìobairean aig àm nan caorach mòra.

Tha cuimhne mhath agam air mo sheanair. Duine mòr liath is feusag liath air. Ged a bha ceum ann agus croitse aige, bha dà gheòla rudeigin mòr aige, airson a bhith a’ toirt dhachaigh mònadh, ag iasgach agus ag aiseag luchd-siubhail a-null agus a-nall air Caolas Uibhist. Bha e mu dheireadh air dà chroitse, ach an uair a gheibheadh e a-staigh dhan gheòlaidh, bha e gan cur an dara taobh, agus chuireadh e suas an seòl agus stiùireadh e i gun duine ach e fhèin, ach air uairean gum biodh nàbaidh, Oighrig Nèill, na làmh dha anns an sgoth chaol.

Bha ise ann an dlùth-chàirdeas ri MacAsgaill Mòr, an ceatharnach a rugadh ann am Beàrnaraigh is a rinn an imrich do Cheap Breatann. Tha càrn-cuimhne air ann an Siabaigh, air taobh an iar an eilein, far an do rugadh e[4].

Bhiodh an Tàillear ri duanagan, agus seo ceathramh o dhuan a rinn e mun t-seòrsa duine a bhiodh e ag aiseag:

Thomas Disher, fear na leth-làimh,
Ceàrd na seiche agus ceàrd an fheòdair,
Ceàrd na drùdhaig, ceàrd na dùthcha,
Dall gun sùilean, is cù air ròp aig’.

---

4 Aonghas Mòr MacAsgaill (1825-1863): chithear dealbh dhen chàrn-cuimhne aige air t.d. 48

Nach neònach na daoine a bhiodh a' siubhal nan Eilean aig an àm ud? Bha cuid aca gu math seòlta, rògach, mar a bha an Dall, agus an cù a bha leis dham b' ainm 'Frost'. Carson a bha duine dall a' siubhal nan Eilean chan eil fios agam. Bha an cù, air an robh droch choltas, cho greannach ris fhèin, agus nuair a bhiodh an Dall a' falbh on taigh, dh'èigheadh e "Street" agus dhèanadh an cù a rathad gu àite sam bith. Seo rann à òran a rinn an Tàillear mun Dall a bha seo:

Dh'aiscig mi 'n Dall thar a' Chaoil
'S am bàta caol fon chòrs' agam –
'S mi nach iarradh gu Là Bhràth
Bhith 'g aiseag ceàrd nan ròg-shùilean.

Nuair a dh'iarr mi faradh air,
Bheuc e rium mar leòmhann,
Is ghuidh e air an fhear nach b' fhiach
Nach faighinn fiach a' ghròta.

Cha deachaidh eachdraidh dhaoine cumanta nan Eilean riamh a chur ann an clò, agus cha tèid tuilleadh. Thuirt piuthar mo mhàthar rium nach robh lasadan aig a h-athair riamh ach bogsa beag le fàdadh-spuinge (*tinderbox*), clach spor agus pìos iarainn airson sradagan a chur às a' chloich dhan fhàdadh, agus bha am fàdadh a' gabhail teine. Bha an uidheam seo aige daonnan na chois, agus gu h-àraidh nuair a bhiodh e a' dol do dh'eilean Bhotarsaigh a dh'obair air mòine – ann an 'sgoth chaol an Tàilleir', mar a theireadh e fhèin.

Bha mo sheanair, an Tàillear, agus Coinneach a thug dhuinn an taigh beag glè àraid aig a chèile. Bha bàta beag aig Coinneach fhèin, mu ochd troighean deug, agus tha cuimhne mhath agam oirre, ged nach robh Coinneach ga cur gu sàl tuilleadh, seach gu robh e seachad air trì fichead 's a deich. Ach tha aithne gun chuimhne agam air fhaicinn aona turas agus iad ag aiseag each a' Bhùird, agus is ann air an t-snàmh a bha an t-each bochd, agus Coinneach le taod an eich na làimh a' cumail ceann an eich an-àird on t-sàl. Sin mar a bha iad ag aiseag nan each air ais agus air adhart do Bheàrnaraigh aig an àm sin. 'S ann taobh Uibhist a bhiodh iad a' tighinn.

Ged a chaidh each a' Bhùird a bhàthadh aon uair ann an tubaist nach robh coire aig duine sam bith rithe, cha do chaill Coinneach each riamh ga aiseag thar a' chaoil. Rinn Ruairidh Dòmhnallach, fear de chìobairean Phabaigh a bha na dheagh bhàrd, òran èibhinn mun tubaist a bha seo. Tha rann ann mu Choinneach a tha a' dol mar seo:

Nan robh am bodach ròmach ann bha còmhnaidh aig a' chaol,
Is ioma gin a dh'aiseig e, le allaban gach taobh,
'S ged bhiodh sruth o fheusaig le siantan agus gaoth,
Cha do bhàth e aonan riamh dhiubh, ged a liath e leis an aois.

Tha mearachd anns an t-sreath mu dheireadh, oir ged a bha Coinneach gu math aosta nuair a chaochail e, cha do liath e riamh! Chuir mi fhèin eòlas math air Ruairidh Pabach bliadhnaichean mun do rinn e an duan seo, ach fàgaidh mi sin an-dràsta.

An sgoil

Chaidh an aona sgoil a bha ann am Beàrnaraigh a thogail ann an 1877[5] . Bha i trì mìle on Phort far an robh sinne a' fuireach, agus bha aig clann a' Phuirt ri coiseachd trì mìle innte agus trì mìle dhachaigh. Gu math tric bhiodh na còtaichean againn bog fliuch fad an latha, 's gun àite anns an sgoil airson an tiormachadh. Eadar falbh is tighinn, bha sinn a' coiseachd deich mìle fichead san t-seachdain. 'S e beagan a chuir e oirnn. Bha mi fhèin agus gille eile gu math tric a' ruith dhachaigh fad nan trì mìle a bha seo, gun aon anail a leigeil!

Bha clann nan Eilean làidir agus luaineach, agus cha robh iad ro dhèidheil air a bhith ann an seòmar sgoile o naodh sa mhadainn gu ceithir uairean feasgar. Bha againn ri pìos arain a thoirt dhan sgoil airson ithe aig àm na diathad. Cha robh biadh ga thoirt seachad anns an sgoil an uair sin, ach bha sinn a' faighinn cupa Horlicks mus do dh'fhàg mise an sgoil. Nuair a bhiodh iad a' treabhadh air a' mhachair, bhiodh sinn a' ruith às dèidh a' chroinn agus a' togail bun nam brisgean (*silverweed*), gan glanadh san t-sàl agus gam falach nar pòcaid. Bha iad blasta, agus tha mi creidsinn gu robh beathachadh annta. Bha sinn aona latha fadalach às dèidh a bhith aig na brisgein a bha seo, agus fhuair sinn dà stràc am fear, ach 's e bu mhiosa leinne gun tug am maighstir uainn na brisgein. Bhiodh sinn cuideachd ag ithe nan curran geala a bha a' fàs gu fiadhaich air machraichean an eilein. Bha sinn cuideachd ag ithe na sealbhaig agus bàrr dìthein nach ainmich mi, gun fhios nach ith duine puinnsean. Bhiodh mo mhàthair a' toirt rabhadh dhuinn gun chàil ithe, gun fhios nach itheadh sin an iteodha (*hemlock*), a mharbhadh gun chrith duine.

Bhiodh mo mhàthair gu tric ag obair, ach bhiodh dinnear deasaichte aig Bean an Tàilleir, mo sheanmhair ann am Poll an Òir. Bha pàrantan m' athar air caochladh, agus an Tàillear cuideachd, ach bha mo sheanmhair a bha air a fàgail math dhuinn anns gach dòigh. Bha sinn cho beag, agus 's ann nar seasamh aig a' bhòrd aice a bhiodh sinn. Cha robh innte fhèin ach boireannach beag, ach bha i tapaidh. Chaidh mise dhan sgoil nuair a bha mi còig bliadhna gu leth. 'S e sia bliadhna a bha laghail, ach thuirt mo mhàthair gu robh mi air fàs cho seancharra, am measg nam bodach air a' Phort, agus gum bithinn na b' fheàrr anns an sgoil. Cha robh facal Beurla aig a' mhòr-chuid de chlann Bheàrnaraigh nuair a chaidh mise dhan sgoil ann an 1931, agus bha againn ri ar n-ainm a labhairt ann am Beurla ris a' mhaighstir-sgoile bhon chiad latha a chaidh sinn innte.

Chaidh a' Ghàidhlig a chur air chùl tuilleadh. Ach chùm sinne ga bruidhinn air taobh a-muigh ballachan na sgoile, agus 's e Gàidhlig a fhuair sinn ann an Sgoil Shàbaid na

---

5   Chithear dealbh dhen sgoil air t.d.93

h-eaglais, agus chuidich sin gu mòr sinn airson a bhith ga leughadh. Ged a fhuair sinn beagan Gàidhlig anns an sgoil Bheurla mus do dh'fhàg sinn i.

Fhuair mise cead an sgoil fhàgail aig ceithir deug gu leth airson gun deachaidh mi innte tràth. A' bhliadhna a chaidh mi dhan sgoil air thùs, eadar a còig agus a sia a dh'aois, thachair rudeigin na mo bheatha a tha fhathast cho ùr nam shealladh is ged a b' ann an-dè e.

Bha mi a' cluich le rothan beag os cionn an taighe againn, air an rathad-mhòr, nuair a chunnaic mi dithis a' smèideadh orm, agus dh'èigh am fear a bu mhotha, "A mhic," agus chrath e a làmh rium, agus chaidh iad am falach air cùl cloich a bha mu dhà cheud slat air falbh. Chaidh mi na mo dheann às an dèidh, agus chùm mi mo shùil air a' chloich. Is gann a dh'fhàg mise an rathad nuair a chaidh mu fhichead each nan cruinn-leum seachad orm. Bha iad aig bonn leothaid agus chan fhaca mi iad a' tighinn. Mura b' e gun do dh'fhàg mi an rathad, bha mi air a bhith marbh fo chasan nan each. Ràinig mi a' chlach a bha seo co-dhiù, agus bha i cho tana air a cùl is nach b' urrainn gille beag sam bith falach ann – oir bha mi an dùil gur e gillean beaga a bh' ann. Cha do ghabh mi fiamh no càil sam bith mar sin, agus cha tuirt mi càil ri mo mhàthair.

'S ann aig deireadh an fhoghair air feasgar ciùin a chunnaic mi an sealladh ud. Bha am bàrr agus am buntàta togte agus fhuair na h-eich mu sgaoil, agus cha chumadh càil air ais iad. Mura b' e an rabhadh a fhuair mi, 's e beatha gu math goirid a bhiodh agam. 'S e àite gu math lom a bha timcheall na cloiche seo, agus cha robh rian aig neach air thalamh falach ann, ged a rinn mise mo dhìcheall an dithis a bha seo a lorg. Thuirt sgoilear às Ath nan Damh rium gu robh eiseamplairean eile dhen t-seòrsa seo ann, agus bha daonnan dithis dhe na tannaisg seo a' siubhal le chèile. 'S e sin a thuirt e riumsa co-dhiù. Tha e an-diugh marbh, agus cha chuirinn-sa breug air. Ma tha a leithid a rud ann ri ainglean dìon, is iad a shàbhail mo bheatha an là ud. Ged a bhios gu leòr a' bùirt às dhomh. Cha do shaoil mi fhèin mòran dhen tachartas a bha seo gus an do dh'fhàs mi na bu shine. Tha mòran dhaoine nach creid rud nach gabh tuigsinn, ged a chitheadh iad e le an dà shùil. 'S ann mean ar mhean a thomhaisear an t-eòlas do chlann nan daoine, anns an t-seagh a tha seo.

Co-dhiù, 's e am feasgar agamsa a bh' ann airson poca mònadh a chur aig an doras, uisge a thoirt à Tobar a' Ghlùip (glumag a bha faisg air an taigh) agus bothag nan cearc a dhùnadh orra. Fhuair mi an uair sin suipear, agus theich mi a-staigh do thaigh Choinnich. "Far an do thiodhlaic thu do sheanmhair," mar a theireadh mo mhàthair.

Chuir Coinneach mi gu Tobar a' Gheàrraidh airson leth-cuinneig uisge, uisge airson òl. Cha robh mi làidir gu leòr a' chuinneag làn a ghiùlain. Bha tobar eile agus sruthan faisg, ach cha robh an t-uisge sin math airson òl. 'S e Tobar a' Gheàrraidh an aona tobar ceart a bha air a' Phort, agus bha e a' cumail uisge-òil ri na h-ochd teaghlaichean a bha air a' Phort. Bha an sgadan saillte trom air uisge an tobair! Bhiodh iad ga òl leis an sgadan. 'S e "Deoch air a' phathadh nach tàinig" a theireadh iad. 'S ann ainmig a bhiodh feòil mairt againn, ach bhiodh feòil caorach againn tric, agus gu h-àraid aig deireadh na seachdain. Gu math tric 's ann air a sailleadh a bhiodh i, agus bha i fìor bhlasta.

Buntàta is mòine

Bha mo mhàthair a' cur leoba buntàta. Bha i fhèin ga ghlanadh agus ga thogail, ach dh'fheumadh i duine a phàigheadh airson feamainn a chur air agus a threabhadh dhi le paidhir each ann an crann. 'S e sealladh brèagha a bh' ann a bhith a' coimhead nan each a' treabhadh air a' mhachair ann am Borgh.

Bha clann an eilein air an ionnsachadh glè òg air gach obair a dh'fheumte a dhèanamh, ach cha robh duine cruaidh orra. Bha iad air an deagh chòmhdach agus air an deagh bheathachadh, ach bha sinn fad an t-samhraidh agus an fhoghair casruisgte feadh an eilein. Le fìrinn, bha mòran againn aig nach robh brògan a chuireadh sinn oirnn. Ged a bhiodh iad againn, cha chuireadh sinn oirnn iad, agus nuair a thigeadh an geamhradh bhiodh iad ro bheag dhuinn.

Bha tràigh shrùban faisg air an taigh againn. Bha i còrr is leth-mhìle air gach rathad, agus bhiodh daoine daonnan a' togail shrùban innte, agus bha e ri ràdh nuair a thigeadh Eileanaich air saor-làithean gum feumadh iad trì dinnearan de shrùbain a ghabhail mus biodh a' ghoile aca slàn bho thruaillidheachd a' bhaile mhòir!

An uair a bhiodh làn reothairt ann, bha muirsgian gu leòr ri faighinn nuair a bhiodh an làn a-muigh, ach bho thàinig an Cabhsair chan eil an làn a' faighinn cothrom a dhol fada a-mach, airson gun tig an tràigh mhuirsgian ris. Nuair a bha mise òg bha creachainn gu leòr timcheall nan cladaichean cuideachd, ach chan eil iad cho pailt an-diugh.

Ach 's e tròcair a tha anns a' Chabhsair. Na mo linn fhèin, chaochail bean òg air an eilean a chionn nach faigheadh dotair a-null air a' chaolas le droch shìde. Cha robh heileacoptairean ann aig an àm sin.

Bha easbhaidh mhòr air Beàrnraigh mar a bha air eileanan eile ann an Caolas Uibhist agus na Hearadh: bha a' mhòine a bha orra air ruith a-mach, ged a tha mòine gu leòr ann an Uibhist agus na Hearadh fhathast. Nuair a bha mise beag, bha mo mhàthair a' faighinn na mònadh às eilean Shròmaigh, faisg air cladach Uibhist. Dh'fheumadh i daoine a phàigheadh airson a feannadh agus a buain, ach bha sinn fhèin – mise, mo bhràthair agus mo mhàthair – nuair a bhiodh a' mhòine rudeigin tioram ga togail agus an uair sin a' dèanamh chruachan beaga orra, deiseil airson a toirt dhachaigh. Bha ise an uair sin a' pàigheadh bàta agus sgioba airson dà luchd mònadh a thoirt dhachaigh. Dh'fheumadh sin a' bhliadhna a dhèanamh. Nuair a bha mi fhèin agus mo bhràthair naodh 's a deich, bha sinn a' faighinn cead o Bhòrd na Sgoile a dhol a chuideachadh mo mhàthar leis a' mhòine.

Cha robh an t-airgead ann, no luchd-taic. Cha robh air a bhith aice ach aona bhràthair, ach chaidh esan a chall anns a' Chiad Chogadh. Tha cuimhn' agam nuair a bha sinn beagan na b' òige a bhith a' dol do dh'Àird Teinnis an Uibhist, ann an geòlaidh bhig mu thrì troighean deug, a dh'obair air mòine mo sheanmhar.

Geòla Dhòmhnaill

Bha aona n-fhireannach an urra rinn, Dòmhnall Beag Dhòmhnaill 'ic Thormoid, a bha a' fuireach ann am Poll an Òir. 'S e saor Beàrnarach a thog a' gheòla, agus ged a bha i beag, bha i tapaidh fo sheòl. 'S e 'scrap crew' a bha aig Dòmhnall oirnn: mise, a b' òige, agus gille le ogha dha agus mo bhràthair Tormod. Bha sinn naodh, deich agus a h-aona bliadhna deug a dh'aois. Bha Dòmhnall cho tapaidh ri duine a chunnaic mi riamh, agus bha againn a dhol astar mòr tro chaolais, sgeirean, sruth, muir fosgailte agus gaoth an ceann. An uair a bhiodh fèath ann, bhiodh sinn ag iomradh, fear air cùl an ràimh ga tharraing agus fear eile ga phutadh. Bhiodh sinn a' seinn òran, no iorraman, ged nach dèanadh duine seinn ach mi fhèin agus Dòmhnall Beag, a bha làn spòrs is fealla-dhà. Cha robh a leithid a rud ri uallach ann idir, agus nuair a ruigte tìr, cha robh aig Dòmhnall ach "Leum a-mach mar an t-eun agus thoir leat ceann a' pheantair."

Bha bàta-seòlaidh aig athair, agus an uair sin aig Dòmhnall fhèin gus an do dh'fhàs i sean. 'S e deireadh stubach a bha orra, mar Sùla, agus bha i snasmhor fo sheòl. Cha robh i idir mar an t-eathar a bha aig m' athair, air an robh seòl a bha ro mhòr. Thuirt mo sheanair gur ann a bha i coltach ri gille beag le seacaid a sheanar air!

Bha geòla eile aig Dòmhnall Beag a bha faisg air dusan troigh. Bha i caol ach sàbhailte. Bha i cho aoidionach agus bhiodh loch sàil innte daonnan. 'S e 'Am Pond' a bh' aig Dòmhnall orra air sgàth sin. Fhuair e an uair sin geòla a bha mu chòig troighean deug a bha aig a bhràthair, Tormod. Bha Tormod seo na chòcaire aig muir, agus mar sin cha do ghabh Dòmhnall Beag riamh air ach 'An Cook', agus 'Geòla a' Chook' air a' gheòlaidh aige. Nuair a bhiodh an Cook aig an taigh air saor-làithean, bhiodh e a' sealg le caraid dha, agus cha do ghabh Dòmhnall Beag air an duine sin riamh ach 'Bovril'. Tha fios agaibh fhèin carson. Cha do ghabh e riamh orm fhèin ach 'Dànaidh', ach air cùl mo chinn 's e 'A' Yank a th' air a' Phort' a bh' aige ormsa, agus 'Dan' air fhèin.

'S e suidheachadh gu math duilich no brònach nach dèanadh Dòmhnall aotrom dha na gillean òga a bha daonnan leis anns a' gheòlaidh, no san taigh mun àm sin. Bhiodh e daonnan a' toirt dhuinn sgonaichean agus siorap le tì anns an taigh aige nuair a phòs nighean a pheathar, agus bhiodh e a' ràdh rinn nuair a phòsadh e fhèin gum faigheadh sinn biadh math on bhean aige, ach cha robh sinne deònach gum pòsadh Dòmhnall idir, oir bha sinn air ar làn-dòigh an taigh Dhòmhnaill agus a' cluich le Seumas, mac le ogha dha.

Bha Seumas beagan na bu shine na mise. Bha e tapaidh agus làidir, agus mar bodach anns a' gheòlaidh. Bha croit aig Dòmhnall le crodh, caoraich agus each, ach cha dèanadh e bleoghainn idir, agus 's e an nì a bh' ann gun do phòs Dòmhnall Beag bean òg ghasta à Uibhist, agus bha sinne cho di-beathte ann an taigh Dhòmhnaill 's a bha sinn riamh.

Dealasach ri chèile

Nuair a bhiodh obair an fhoghair seachad, bhiodh na daoine a' toirt dhachaigh na cuid mu dheireadh dhen mhòine, agus bhiodh toiseach a' gheamhraidh ann mus bhiodh na luchdan mu dheireadh a-staigh, gan tarraing le bàtaichean beaga agus sgothan. Na daoine a bha fada on chladach, dh'fheumadh iad a toirt dhachaigh le each is cairt. Tha mi cinnteach gu robh trì cheud luchd mònadh a' tighinn do Bheàrnaraigh gach bliadhna, oir bha mu cheud taigh ann, agus gu leòr a' faighinn trì luchdan. Bha mòran dhaoine ag obair air falbh bhon taigh, agus bha a' chuid a bh' air am fàgail ag obair trang o mhoch gu dubh, mus tigeadh an droch shìde.

Bha a' chlann iad fhèin a' dèanamh an roinn dhen obair, agus mus tigeadh an droch shìde agus an geamhradh cha robh bodach no cailleach no duine eile nach robh dìon air a thaigh le deagh thughadh, is cruach-mhònadh aig ceann an taighe.

Is ann às na h-eileanan a bha ann an Caolas na Hearadh agus Uibhist a bha sinn a' faighinn na mònadh. 'S e crùn a bha mo mhàthair a' pàigheadh air a' pholl-mhònadh dhan oighreachd. Mu thoiseach an t-samhraidh bhiodh a' mhòine a' fàs gann air na banntraichean, agus bhiodh Dòmhnall Beag leis an 'scrap crew' aige – mi fhèin 's mo bhràthair Tormod – a' sgrìobadh nam poll-mònadh aca anns na h-eileanan airson chaoran agus seana mhòine, agus bha na cailleachan taingeil airson sin fhèin.

Bha aona bhanntrach mhòr làidir air a' Phort, Anna Iain Mhòir, agus bhiodh ise a' lìonadh uinneag an t-seòmair-cadail aice le feamainn thioram airson a' gheamhraidh, agus bha sin a' cumail dìon air an uinneig agus cha chluinneadh i stoirmean a' gheamhraidh. 'S e cailleach èibhinn a bh' innte, agus b' e Iain Mòr MacLeòid a h-athair. Bha esan cho làidir ri duine a bha ann am Beàrnaraigh riamh. Bha rèidio aig an fhear a bha an ath dhoras dhi, agus 's e 'crogan a' bhodaich' a bha aice air an *accumulator*. Cha robh i cho fada ceàrr san eadar-theangachadh.

'S e aona tobhta fhada agus aona mhullach a bha air na trì taighean anns an robh i. Bha a dhà dhe na taighean a' fosgladh ris an aghaidh agus doras an treas taigh aig a' chùl. Nuair a bhiodh na taighean seo air an ùr-thughadh, 's iad air an lèanaig ri taobh na mara, 's e sealladh air leth sìtheil a bh' ann. Aig an àm a bha seo, bha daoine a' gabhail uaill nan obair. Ged a b' e na cruachan-arbhair, bha iad air an tughadh gu snasail le muran.

Mo mhàthair

Bhiodh mo mhàthair a-muigh gu tric ann an taighean anns an robh breith no bàs. Bhàsaich m' athair leis an aillse mu mhìos gu leth mus do rugadh mise, agus ged a bha i ga altram leatha fhèin, leis an eagal a bha aig na daoine truagha bhon ghalair mharbhtach a bha seo, cha do dh'fhàg e i gun a bhith truasail ri luchd na bochdainn. Bha i ann an dubh on latha a chaochail m' athair gus an do dh'fhàs i aosta, ach bha i sunndach. Bu toigh leatha òran Gàidhlig, agus bha i dhen bharail gur e fear neònach nach òladh drama. Bha i dìleas dhan eaglais a Shàbaid agus a sheachdain, ged as e an taigh againne a b' fhaide air falbh on eaglais, agus eadar falbh is tighinn, dh'fheumadh i mu thrì mìle a choiseachd Latha na Sàbaid, agus seach gu robh i a' dol dhan eaglais madainn is feasgar, bha i a' coiseachd sia mìle. Aig àm a' Chomanachaidh, nan robh trì searmoin ann san aona latha, bha i a' coiseachd mu naodh mile – astar mòr do bhean a bha ag obair cruaidh fad na seachdain. Ach ma bha cothrom nan cas agad, cha robh leisgeul ri bhith ann.

'S e glè bheag airgid a bha an rìoghachd a' toirt seachad do bhanntrach a bha a' togail teaghlaich, agus ma bha i ag obair, dh'fheumadh i sin innse. Nuair a bha mo mhàthair òg, bhiodh i ag obair air tìr-mòr, agus dh'ionnsaich i còcaireachd. Bha i greis ag obair ann an taigh nan euslainteach ann an Loch nam Madadh, The Long Island Institution. Bha mòran dhaoine truagh ann, agus nuair nach b' urrainn dhan *Dunara Castle* tadhal leis an aran, dh'fheumadh i fhèin am fuineadh a dhèanamh – ceithir unnsachan de mhin airson gach neach.

Bha an *Governor* còmhla rithe airson a' mhin a thomhais gu mean, gun aon unnsa a bharrachd a bhith ann. 'S e fìor dhuine gasta a bh' ann, ach bhiodh e a' ràdh gu robh daoine os a chionn fhèin a bha ag iarraidh cunntais mhionaideach air gach cosgais, agus cha b' urrainn dha a bhith cho mòr-làmhach 's a bu mhiann leis.

Sin mar a bha anns na lathaichean sin, ach is ioma duine bochd a bha toilichte gu robh a leithid de dh'àite ann.

Bha sinne, a' fàs suas aig a' Phort, math dheth, mar a bha clann nan Eilean gu lèir. Ri mo linn-sa tha mi cinnteach nach deachaidh aon dhiubh a chadal leis an acras. Nuair a chaidh mise 's mo bhràthair dhan sgoil, bha mo mhàthair a' faighinn obair gu leòr, agus nuair a bhiodh ùine aice, bha i a' dath na clòimhe a bha i a' faighinn an àite airgid is an uair sin ga càrdadh agus ga snìomh. 'S e 'calanas' a theireadh iad ris an obair seo. Dhèanadh am figheadair an clò dhi, ach 's i fhèin a bha a' dèanamh an deilbh, air a' bheairt-dheilbh ann an taigh an fhigheadair.

Aisling Choinnich

Bha ar nàbaidh Coinneach leis fhèin, ach bha sinne ri thaobh, agus bhiodh bodaich eile a' cèilidh air gu math tric, agus an uair a nochdadh iad, bha mise nam dheann às an dèidh, agus is ioma sgeul neònach a chuala mi aca. Chuala sinn aig Coinneach fhèin mu aisling a chunnaic e air oidhche bhrèagha ghealaich. Thàinig duine agus sheas e aig an leabaidh aige agus dh'iarr e air èirigh agus nàbaidh àraid a thoirt leis, agus a dhol gu mullach Beinn a' Chlaidh, far a bheil a' chlach mhòr na seasamh am meadhan a' chlaidh, agus gum faigheadh e ulaidh far an robh faileas na cloiche mòire air an talamh. Dhùisg Coinneach agus dh'èirich e dhan doras agus bha oidhche bhrèagha ghealaich ann, ach cha robh sgeul air duine, agus thill e dhan leabaidh.

Thill an dearbh dhuine trì oidhche thuige às a chadal, ach cha do ghabh Coinneach a chomhairle. A-nise, cha do chuir seo dragh sam bith air Coinneach, agus mun do thill e dhan leabaidh, chaidh e mach agus ghabh e deagh thuaiream air far am biodh faileas na cloiche a' buaileadh ann am broinn a' chlaidh.

"Cò," arsa bodach eile a bha staigh, "a dh'iarr fear na h-aisling ort a thoirt leat dhan chladh?"

"Dh'iarr," arsa Coinneach, "Iain Dòmhnallach, a tha a' fuireach fo bhonn na beinne seo, ach cha deachaidh mi ga iarraidh, agus cha do leig mi orm dad. Bha eagal orm gur e meadhan air rud a bha an dàn a bh' ann."

Nuair a chual' iad ainm an Dòmhnallaich, cha do dh'fhosgail duine a bheul.

Anns an aisling a chunnaic Coinneach Siobla, chaidh iarraidh air spaid a thoirt leis airson an ulaidh a chladhach, agus bha eagal air, nam faigheadh iad rud luachmhor, nach biodh cùisean rèidh eatarra. Ach bha Iain Dòmhnallach na dhuine mòr treun agus tapaidh, agus gun eagal air bho dhuine geal no dubh.

Is dòcha gu robh seòrsa de dh'eagal air Coinneach, nam faigheadh iad ulaidh, gun deigheadh iad far a chèile air sgàth an t-seòrsa duine a bh' anns an Dòmhnallach. 'S e duine fad-fhaicsinneach a bh' ann an Coinneach, agus is ioma duine dhan tug e deagh chomhairle. Agus bha e fhèin na dhuine gleusta agus calma na latha. Nuair a bha e na ghrèidhear cha tug duine riamh a char às, ged as ioma fear a dh'fheuch. Bhiodh e a' punndadh nan each aig Ruisigearraidh, agus dh'fheumadh iad tastan am fear a thoirt do Choinneach airson nan each.

Iain Dòmhnallach

Tha cuimhne mhath agam fhèin air Iain Dòmhnallach, nuair a bha e na sheann bhodach. Bha mi tric a-staigh aca, a' cluich le Dòmhnall, mac nighinn dha. Na latha, bha Iain na dhuine mòr tapaidh, is sròin mhòr chrom air. Bha i cho mòr is gun do rinn e fhèin òran dhi. Seo aona rud a bh' ann:

> Bhiodh i anns an spàin agam
> Mus tàrrainn a cur na mo bheul.

Bha Iain pòsta aig bean uasal ghasta à Baile Mhàrtainn ann an Uibhist a Tuath, ban-tàillear ealanta. B' e sin an dearbh àite às an robh mo sheanair Uibhisteach, agus bha cleamhnas eatarra.

Thàinig na Dòmhnallaich seo às eilean Phabaigh, ged as ann à Beàrnaraigh a bha iad o thùs. 'S e fìor chlachair math a bh' ann an Iain, agus thog e cuid mhath thaighean ann am Beàrnaraigh – taighean-geala, ged nach do thog e ach taigh-dubh dha fhèin 's dha chuideachd. Chan fhaca mise taigh-tughaidh ann an àite riamh coltach ris. Bha am balla na bu leatha aig a' bhonn agus claonadh ann suas gu a bhàrr. 'S e balla aoil a bha ann an aghaidh an taighe agus clach thioram sa chùl. Chan eil fios agam carson. Nuair a rachadh tu a-staigh air an doras, bha staidhre anns an trannsa a' dol suas dhan lobhta fhiodha, far an robh rùm-cadail no dhà. Bha uinneag ghlainne anns an tughadh a bha a' leigeil a-staigh deagh sholas dha na rumannan a bha shuas an staidhre. Chan fhaca mise uinneagan ann an tughadh taighe eile riamh gus an deachaidh mi do Shasainn, no idir rumannan os do chionn ann am mullach taigh-tughaidh.

Cha robh croit aig Iain Dòmhnallach idir, ach bha gàrradh mòr àrd ceithir-thimcheall an taighe aige, agus tha cuimhn' agamsa e a bhith ga thionndadh le spaid is e na sheann duine. Ged as e clachair math a bh' ann, 's e brod an t-seòladair a bh' ann a bhàrr, agus bha smac iasgaich aige a bha mòr agus tapaidh. Nuair a thigeadh tìm an iasgaich, bhiodh e fhèin agus an sgioba ga seòladh cho fada ri Gallaibh agus Ceann Phàdraig. An uair a bhiodh an t-iasgach seachad, bha iad a' seòladh na smac air ais do Bheàrnaraigh agus a' tilgeadh a-mach a' bhalaiste air sgeir faisg air tìr ann am Beàrnaraigh ris an abair iad Sgeir Iain Dòmhnallaich chun an là an-diugh.

'S e duine foghainteach a bha san Dòmhnallach seo, ach bha aona laigse bheag ann. Bha cuibheall an fhortain aige na thaigh, agus chan eil mise cinnteach an robh seo laghail aig an àm. Bhiodh e a' ceannach trealaich, agus gu h-àraid uaireadairean a' chrùin.

B' e còig tastain a' phrìs anns na bùthan, ach cò aige tha brath dè a chaitheadh duine mus faigheadh e fear air cuibheall Iain Dòmhnallaich? 'S e na fir a bhiodh ris an obair seo, nuair a thigeadh iad dhachaigh on t-seòladh. Bha fhios aca glè mhath dè bha iad a' dèanamh, agus mar sin cha robh am beul fhosgladh aca ged a bhiodh call aca dheth. Is ann a fhuair mise seo a-mach bho mo mhàthair nuair a dh'fhàs mi suas, agus dh'earb ise rium gun aithris do dhuine sam bith, ach tha an comann sin air triall.

Greis mus do chaochail Iain, chunnaic fear aig an robh an dà-shealladh solas a' fàgail ceidhe Iain Dòmhnallaich air oidhche, agus thuirt e nach b' e tiodhlacadh a bha siud, oir bhiodh tiodhlacadh daonnan a' falbh air an rathad dhan chladh. Ach nuair a chaochail Iain bochd bha reothadh cho cruaidh ann is nach robh seasamh-cas aig duine no each, agus thàinig orra an duslach aige a thoirt ann an eathar gu ceann eile an eilein, a bha na b' fhaisge air a' chladh. 'S ann bho cheidhe an Dòmhnallaich a thog iad an giùlan.

B' e seo an solas a chunnaic fear an dà-sheallaidh. Dh'inns e na chunnaic e, oir cha do shaoil e gur e manadh mar sin a bh' ann. Tha sin a' dearbhadh gu bheil a leithid a rud ann ris an dà-shealladh, agus tha daoine ann fhathast a chì sealladh ro àm. Nan robh mise a' dol a chur sìos na chunnaic is na chuala mi ann am Beàrnaraigh nam òige, cha chreideadh mòran mi, ach bu mhath leam gun tuigeadh òigridh an latha seo cho eadar-dhealaichte 's a bha an saoghal againne seach an saoghal a tha aca fhèin.

Deoch!

Cha robh sinne air ar buaireadh le nithean gun stàth, agus cha robh na nigheanan a' dol do thaighean-òsta idir nuair a bha mise òg. Bha mi fhèin mu cheithir bliadhna nuair a ghabh mi mo chiad daorach ann an taigh mo sheanmhar, ann an dòigh gu math sìmplidh! Ag an àm sin bhiodh fear dhe ar càirdean a' toirt dhachaigh beirm agus gach nì eile a dh'fheumadh duine airson portair (seòrsa de lionn) a dhèanamh. Bhiodh mo sheanmhair, mo mhàthair agus piuthar mo mhàthar ga dhèanamh cuideachd nuair a thàinig ise dhachaigh à Sasainn. 'S ann an cuinneagan eanamail a dh'fheumadh iad a dhèanamh an toiseach, agus an uair sin ann am botail ghlainne. Bhiodh mo mhàthair a' dèanamh mu dhusan botal portair o àm gu àm do Choinneach, agus bha ciste mhòr fhiodha aige na rùm-cadail agus ghabhadh i dusan botal portair. 'S e cinn àrc a dh'fheumadh na botail, agus chan fhaodadh iad a bhith air an cur ro theann mus spreadhadh na botail nuair a theannadh am beirm air at. Bhiodh brag an-dràsta 's a-rithist aig na botail nuair a thigeadh an ceann asta, agus bha iad an uair sin a' cur nan ceann air ais gus am fuiricheadh na cinn anns na botail gun ghluasad. Bha am portair an uair sin deiseil.

Bha mise eadar a ceithir agus a còig nuair a thug mo sheanmhair dhomh làn bobhla dheth, le spàin no dhà siùcair ann, agus chaidh e na mo cheann. Tha cuimhne mhath agam air, agus mo mhàthair a' trod ri Granaidh airson an daorach a chur orm! Nuair a dh'fhàs mi suas, b' fheàrr leam an stuth-cruaidh na lionn, ach nuair a dh'òladh mo charaid Coinneach bobhla de phortair, agus a bhiodh a phìob a' dol math leis an tombaca dhubh, dh'innseadh e an uair sin ioma sgeul dhomh.

Clyde

Ged nach robh aig Coinneach Siobla ach Beurla chluaise, thuigeadh e gu leòr airson caoraich fear na tac a thoirt do Ghlaschu air an *Dunara Castle*. Bha cù anabarrach glic aige air an robh Clyde, agus chaill e aona turas e air a' Bhroomielaw agus e muigh le caoraich. Thill e dhachaigh às aonais, agus e an dùil nach faiceadh e tuilleadh e, ach an uair a thill an *Dunara* do Ghlaschu an ath turas, leum an cù na broinn agus cha charaicheadh e aiste. Thuirt an sgiobair iad ga fhàgail – gu robh fios aige fhèin air a cheann-uidhe. Cha robh àite anns an robh am bàta a' tadhal nach do sheall an cù a-mach, agus nuair a ràinig am bàta Loch nam Madadh, leum e mach agus shiubhail e na h-ochd mìle gu Caolas Uibhist – a tha, ann am meud, còrr is leth-mhìle, agus e làn sruth. Cha robh Clyde fada a' snàmh a' Chaolais, agus choisich e staigh do thaigh Choinnich, bog fliuch, agus abair gun d' fhuair e fàilte.

Thairg fear nach robh eòlach air Coinneach no air Clyde còig notaichean dha airson a' choin, ach thuirt e ris nach dealaicheadh e ris gu bràth, agus co-dhiù nach dèanadh e car do dhuine ach do Choinneach fhèin, agus bha sin fìor gu cinnteach.

Chuala mi aig Coinneach gun tug fear aig an robh droch-mhèinn dha droch ionnsaigh air agus e a' marcachd eich dhachaigh gu thaigh air feasgar glè anmoch. Mar a thubhairt mi, bha e na ghrèidhear air tac Bhuirgh, agus seach gu robh e a' dèanamh a dhleastanais gu h-onarach, mar punndadh each – agus beathach sam bith eile nach bu chòir a bhith air an tac – bha gràin aig cuid air. Co-dhiù, shlaod am fear seo Coinneach far an eich agus e a' dol a thoirt latha-dubh dha, ach ma shlaod, leum an cù air fear na h-ionnsaigh, agus mura b' e gun do chaisg Coinneach an cù, bha an duine air a bhith marbh. Mura biodh an cù air tilleadh à Glaschu, aig sealbh a tha brath dè a bh' air tachairt do Choinneach. Gheall am fear seo nach cuireadh e corrag gu bràth tuilleadh air. Ged a bha i air fàs dorcha, bha fios aig Coinneach cò am fear a bh' ann, ach cha do dh'innis e riamh cò.

Bha òigridh a' Phuirt a' fàs suas, agus bha iad daonnan a' dol dha na bùthan dha na seann daoine. Cha robh duan aca ach "Leum dhan bhùth dhomh, is ma thuiteas tu, na fuirich ri èirigh." Bha bogsa lasadan an uair sin sgillinn, botal parafain dà sgillinn, agus dà unnsa tombaca tastan is sia sgillinn. Bha sin daor nuair nach robh ach deich tastain a' tighinn a-staigh ort san t-seachdain.

An uair a thiginn às a' bhùth, theireadh Coinneach rium, "Mias fhear èasgaidh thar gach mèis."

An uair a chaidh agam air leughadh a dhèanamh, bha mi a' teicheadh do thaigh Choinnich le leabhar. Bha seann slat mhòr iasgaich aige de chuilc a bha a' ruith eadar am balla-cùil agus balla-aghaidh an taighe. Bha lampa pharafain aige air cromaig air an t-slait a bha seo, agus ged nach robh an solas ro mhath, bha e furasta an lampa a ghluasad far an robh thu ga h-iarraidh. Bha iongantas mòr air Coinneach dè a bhithinn a' leughadh, agus leugh mi dha *Eilean an Ionmhais* aig R.L.S. – agus abair gun do chòrd e ris.

'S gann gum faighinn duilleag a leughadh nuair a theireadh am bodach, "Seadh a-nis, a laochain, dè tha tachairt a-nis dha na spuinneadairean?" agus bha mise a' cumail orm a' leughadh na sgeulachd bhreugaich seo dha mar gum b' e an fhìrinn a bh' ann, agus bhithinn a' ràdh rium fhèin gur ann a bha c fhèin coltach ri *pirate*: le a sheacaid dhuibh, le a churrac seòladair agus le fheusaig dhuibh, bha e mar 'Blackbeard' mòr e fhèin. Cha robh an currac a' tighinn dheth ach nuair a bhiodh e a' dèanamh an altachaidh agus anns an leabaidh. Nam faiceadh clann an là an-diugh dealbh de ghille beag gun bhròig, gun stocainn, na shuidhe aig bòrd, lampa ola air bheag solais os a chionn, agus gaoth fhuar o bhonn an dorais a' criothnachadh na siobhaig, gun chàil air a' bhalla ach a' chlach lom thioram, agus bodach mòr ann an dubh a' smocadh pìob aig teine mònadh agus piseag bheag loireach ri thaobh, theireadh iad nach robh ann ach dealbh breugach a rinn duine suas.

Co-dhiù, sin mar a bha, ach nuair a chaidh mise nam mhaor-sìth do Ghlaschu agus a chunnaic mi teaghlaichean a' fuireach ann an aona sheòmar, agus mu cheithir teaghlaichean le aona taigh-beag eatarra air gach staidhre, is gann a bha mi a' creidsinn mo shùilean. Bha na taighean aona-sheòmair a bha seo duilich an cumail rèidh air sgàth cho beag 's a bha iad, ach bha iad air an cumail snasmhor aig na daoine a bha a' fuireach annta – aig a' mhòr-chuid co-dhiù. Cha robh càil ri fhaighinn gun phrìs, agus mura robh obair agad, bhiodh tu gu math truagh dheth, ach bha cùisean a' fàs na b' fheàrr nuair a chaidh mise air a' Phoileas ann an 1950.

Eilean eile

Mus do dh'fhàg mi an sgoil, bha mi a' cuideachadh mo bhràthar leis na caoraich aig àm breith nan uan, ach nuair a dh'fhàg mi an sgoil aig ceithir bliadhna deug, fhuair mi obair a' cuideachadh nan cìobairean ann an eilean Phabaigh – triùir bhràithrean. Bha mi air m'fhastadh aca airson seachd mìosan, air not sa mhìos. An uair a thill mi do Bheàrnaraigh anns a' Ghiblean, thug iad dhomh seachd notaichean. Bha am biadh an-asgaidh. Is mi bha beairteach. Cha robh seachd puinnd agamsa riamh dhomh fhèin. Cha robh air Pabaigh ach a-mhàin an triùir bhràithrean seo. Chaidh an t-eilean fhàsachadh mu cheud bliadhna mus do chuir mise seachad geamhradh ann – mas fìor e, airson gu robh na daoine a' dèanamh uisge-beatha. Tha cuid dhen bheachd nach robh an sin ach leisgeul a bh' aig an uachdaran, a bha ag iarraidh an eilein dha fhèin.

'S e eilean àlainn a th' ann am Pabaigh[6], agus bha an talamh fìor mhath airson eòrna an uisge-bheatha a chur ann. Nuair a bhiodh iad a' 'baisteadh' an uisge-bheatha, cha robh uisge freagarrach ann am Pabaigh idir, agus bhiodh na Pabaich a' tighinn do Bheàrnaraigh le baraillean agus gan lìonadh le uisge à tobar Leathad Ullaraidh, a tha air mullach Beinn a' Chlaidh. Bha e ri aithris nach robh uisge thall no bhos cho fallain ris.

Tha lochan ann am Pabaigh ris an can iad Loch Headal, agus tha sruthan beag a' ruith às. Bha glumag faisg air taigh nan cìobairean a bha air a cumail làn le uisge an t-sruthain seo. Chan fhaca mise tobar eile ann am Pabaigh ach a' ghlumag a bha seo. Cha tàinig an t-uisge ri mo chàil-sa idir, ach dh'fhàs mi suas ris ri tìde. Aig taobh eile an t-sruthain seo bha Teampall Phabaigh agus an cladh timcheall air, agus an taigh mòr tughaidh anns an robh sinn a' fuireach, dìreach mu choinneamh.

'S e eilean seasgair a bh' ann, agus chuir mise seachad geamhradh sona ann leis na cìobairean – Dòmhnall Mòr, Dòmhnall agus Ruairidh, Dòmhnallaich à Cleite na Ducha, anns na Hearadh. Is mise an treas balach a chuir seachad geamhradh ann am Pabaigh leis na cìobairean seo.

Trì bliadhna roimhe seo, thuirt iad ri fear an eilein nach cuireadh iad seachad geamhradh air an eilean tuilleadh gun duine beò ach iad fhèin. Mar sin bha iad a' fastadh bhalach à Beàrnaraigh a h-uile geamhradh, ach 's iad fhèin a bha gam pàigheadh. Thuirt fear rium gur e tàbharnadh a chunnaic iad, ach chan eil mise a' creidsinn sin idir. Bha iad air a bhith mòran bhliadhnaichean leotha fhèin ann an eilean fàs gun chuideachd, mura faiceadh iad iasgair à Beàrnaraigh corra uair, agus abair gun cuireadh iad fàilte air

---

6   Chithear dealbh de thaigh a' chìobair am Pabaigh air t.d.44

creutair sam bith fhad 's a bha e modhail. Bha iad math air seinn, agus bha Ruairidh na bhàrd math. Thug mi iomradh air an òran 'Each a' Bhùird' mar-thà.

Nach eil fhios gu robh iad aonarach. Nach robh am bàrd Pabach e fhèin, Niall Mac Choinnich 'icGhilleMhoire, a' ràdh ann an 'Òran an Eagail':

Geamhradh fad' air bheag cuideachd,
'S e thug buileach droch shnuadh orm.

Cha chuala mi fhèin riamh fear cho math gu seinn anns an t-seann nòs ri Dòmhnall Beag Pabach, agus le bàrd, le fear-seinn agus le gramafon, bha sinn glè mhath dheth. 'S e leughadair a bh' ann an Ruairidh, agus bha leabharlann aige a bha fìor mhath, ach leabhraichean a bhiodh air an cunntais seann fhasanta an-diugh, ged a chòrd iad glè mhath riumsa.

'S e Dòmhnall Mòr an sealgair a bh' againn, agus bhiodh sitheann againn gu tric, le glasraich às a' ghàrradh mhòr a bh' aca, is gach seòrsa a' fàs ann.

Is ann aig Caimbeulaich na Hearadh a bha Pabaigh aig an àm a bha mise ann, agus ged a bha na ceudan fiadh air, cha do mharbh iad fear riamh dhaib' fhèin. Aig àm na Nollaig bhiodh iad a' marbhadh beagan èildean airson an uachdarain, a bha gan toirt seachad dha na càirdean.

Ged a bha Dòmhnall Mòr le bhràithrean ann am Pabaigh, cha robh e air fhastadh aig fear an eilein idir, ach bha e math air obair agus bha a bhràithrean a' cumail biadh agus tombaca ris. Bha feum aca air duine mar Dòmhnall Mòr, oir bha iad fhèin trang aig caoraich agus crodh. Bha na laoigh gan geamhrachadh a-staigh, agus eadar sin agus a bhith cumail an sùil air na fèidh, bha iad trang. Bha Dòmhnall Mòr math air sealg agus air fuine. Mar sin bha sinn air ar deagh bheathachadh.

Nuair nach robh feum aig na cìobairean oirnn, bhithinn fhèin cuide ri Dòmhnall Mòr a' togail fhaochag (agus bha gu leòr am Pabaigh dhiubh), agus abair thusa fealla-dhà. Nuair a bhiodh mu chòig poca deug aige, bhiodh e a' dol dha na Hearadh air chuairt agus a' reic nam faochag. Bhiodh eathar nan Caimbeulach a' tadhal againn le gnothaichean agus biadh, agus bhiodh Dòmhnall Mòr a' falbh oirre agus a' toirt leis nam faochagan. 'S e àm a' Chogaidh a bh' ann, agus bha deagh phrìs air an fhaochaig. Nan toirte gèill do Dhòmhnall Mòr, bha e an uair sin a' cosg airgid gu struidheil anns na Hearadh, ach thuirt fear às na Hearadh rium, "Mura ceannaich Dòmhnall drama dha fhèin agus dha

na bodaich, chan eil an còrr croin ann." Tha mi creidsinn gu robh e faisg air trì fichead nuair a chuir mise eòlas air.

Cha do phòs na gillean Pabach riamh. Cha robh tuath ann am Pabaigh ach iad fhèin, agus bha iad ro shean mun do thill iad dha na Hearadh. Bha iad càirdeil ri gach duine agus làn balaiste, agus 's e call a bh' ann nach do phòs iad. Thuirt Dòmhnall Beag rium gum bu thoigh leis a bhith pòsta, ach ged nach do shaoil iad sin aig an àm, bha iad pòsta ri eilean Phabaigh.

Nuair a bha mise ann an eilean Phabaigh, cha robh goireas sam bith ann airson duine a shàbhaladh ach aona gheòla bheag thapaidh (bhiodh iad fhèin ga h-iomradh do Bheàrnaraigh) agus rud ris an abair mise 'tein'-udail' (*distress beacon*).'S e càrn mòr de dh'fhiodh a bh' ann, agus rud sam bith eile a dhèanadh solas air an oidhche agus ceò air an latha. Bha an càrn fiodha seo air a' chruadhaich an ear air leathad Lingeigh, far am biodh e follaiseach anns na Hearadh agus an àiteachan eile. Seo a' chiad rud a sheall na Pabaich dhomh, agus far an robh na maidsichean. Cha robh lighiche no banaltram ann am Pabaigh, agus aig an àm cha robh càil againn a bharrachd ann am Beàrnaraigh ach an teileagraf agus banaltram.

Nuair a chunnaic mise air an TV dealbh dhe na daoine truagha a chuir seachad bliadhna ann an Tarasaigh – is a h-uile goireas fon ghrèin aca! – chuir e iongnadh mòr orm cho leibideach, leth-làmhach agus eadar-dhealaichte 's a bha iad nan dòighean. Tha e soilleir gur e sin am bonn air an deachaidh an taghadh.

Ach tha mi air a dhol thar mo sgeòil…

Tìr-mòr

Dh'fhàg mise Pabaigh agus thill mi do Bheàrnaraigh anns a' Ghiblean. Agus ged nach robh fios agams' air, bha Tormod mo bhràthair, a bha ochd mìosa deug na bu shine na mise, air an t-eilean fhàgail agus obair fhaighinn ann an Gleanna Comhann. Bha esan leis fhèin ann an taigh an tuathanaich, agus chaidh mise a dh'fhuireach còmhla ris agus fhuair mi obair ann an Ceann Loch Mòr aig obair na h-*aluminium*.

Bha mo bhràthair leis fhèin air an tuathanas a bha seo ged nach robh e ach seachd bliadhna deug a dh'aois. Bha crodh is caoraich aige ri sealltainn riutha, agus làir mhòr dhubh. Bha an làir dhubh cho sèimh ri uan air na rathaidean am measg chàraichean, ged nach robh mòran dhiubh ann: bha an Cogadh na theas, agus am peatroil gann. Bha eich gu leòr ann am Beàrnaraigh, agus bha sinne eòlach gu leòr air a bhith nam measg agus a' falbh leotha. Bha mi ag ionndrainn nam Beàrnarach agus nan gillean Pabach, ach gu h-àraid Jimmy, an t-each beag a bh' againn ann am Pabaigh. Bha cairt bheag aige le cuibhleachan càr orra airson fiodh-cladaich a thoirt dhachaigh. ('S e sin an connadh a bh' againn air an eilean. Bha e ri ràdh gun deachaidh bàta a chur fodha le luchd de phropaichean mèinn-guail, agus thàinig tòrr dheth air tìr. Cha robh mòine air Pabaigh, agus bha e cho math a chur gu feum, ged bu duilich an t-adhbhar a chuir air tìr e.)

Cha robh mise a' fuireach ro fhada le mo bhràthair ann an Gleanna Comhann, air tuathanas Achadh nan Con, nuair a thàinig orm falbh, leis an làir dhuibh, le làn cairt de bhiadh cruidh gu tuathanas Ghoirtein, a bha ann am Breac-leathad, àrd os cionn Bhail' a' Chaolais. Sheall fear an rathad dhomh, agus ged a bha an dìreadh cas, cha do chuir e mòran dragh air an làir dhuibh. A' tilleadh dhachaigh, cha robh agam ach tuaiream dhe na rathaidean agus bha eagal orm gun tillinn air an rathad cheàrr, ach thug mi a cead dhan làir agus thug i dhachaigh mi gu sàbhailte. Stad i aig crois an rathaid aig Gleanna Comhann airson seann làraidh a leigeil seachad. Chan fhaca mise an làraidh idir – bha mi fhathast ann am Pabaigh, far nach robh làraidh no rathad.

Cha robh an ùine fada gus an deach mo bhràthair a thogail dhan Arm, agus thàinig air an fhear dham buineadh an tuathanas an stoc a reic. Bha na daoine òga air falbh anns a' Chogadh, agus bha an obair ro throm dha na bodaich. Thuirt Tormod rium gur e rud cho duilich is a rinn e riamh an stoc a chur air an trèan-bathair à Bail' a' Chaolais dhan Òban, far an deachaidh an reic, agus gu h-àraid an làir dhubh, a bha cho brèagha na coltas agus cho còir na nàdar. Bha fhios agus cinnt aige gur e an gunna a chur rithe a' chrìoch a bha fo comhair. Thug an Dara Cogadh atharrachadh mòr air a' Ghàidhealtachd, mar air gach àite eile.

Nuair a thàinig mise gu tìr-mor, cha do ghabh mi mòran annais de rud sam bith. Bha an trèan mar a rinn mi dealbh dhith, ach cha do thuig mi riamh cho àrd 's a bha na beanntan gus am faca mi iad, agus na bh' ann dhiubh. Nuair a bha mi òg ann am Beàrnaraigh, cha robh goireas fon ghrèin againn ach an teileagraf. Bha sin ann an Oifis a' Phuist, agus bhiodh an tè a bha an urra ris a' cur duine òg air choreigin leis gu ceann-uidhe, agus bha iad a' faighinn beagan sgillinnean airson seo a dhèanamh. 'S ann le Morse Code a bha am fiosrachadh seo a' tighinn, ach bha mnathan nan Eilean cho math air ri càch.

'S e banaltram cloinne a bha nam phiuthar, Oighrig, agus thug ise clann an uachdarain aig an robh mo bhràthair ag obair, nighean bheag agus gille nach robh ach beagan mhìosan, a-null gu Cape Cod ann am Massachusetts nuair a bha cùisean a' coimhead glè dhorcha do Bhreatann, goirid an dèidh dhan Dara Cogadh Mòr tòiseach-adh. Chaidh i a-null air bàta mòr brèagha a bha air a togail airson luchd-siubhail. Thill i dhachaigh air an dearbh sheòrsa bàta nuair a bha an Cogadh na theas, agus fhuair i moladh mòr airson cho tapaidh 's a bha i. Bha e air aithris gur e an leanabh seo, nach robh ach trì mìosan a dh'aois, *evacuee* cho òg 's a chaidh a-null thar chuain gu na Stàitean Aonaichte.

Bha mòran fearainn aig an uachdaran, agus bha taigh mòr aige ris an canadh iad Creag Rainich, ainm an àite san robh an taigh air a thogail. Thug esan dha mo mhàthair an taigh a bha os cionn an stàbaill aig an taigh aige fhèin (*mews cottage*). Cha robh anns an stàball ach dà sheann chàr. Bha iad fhèin san taigh mhòr agus bha *evacuees* à Glaschu a' fuireach ann còmhla riutha. 'S e Eòghann MacColla an t-ainm a bha air fear Chreag Rainich, agus fear aig an robh foghlam mòr. Bha e os cionn na laboratoraidh anns a' ghàrradh *aluminium* ann an Ceann Loch Mòr. Fhuair mo bhràthair obair greis còmhla rium ann an Ceann Loch Mòr, gus an do thogadh e dhan Arm.

'S e fìor Ghàidheal a bh' ann am MacColla seo, ged nach robh Gàidhlig aige. Chan e a h-uile fear aig an inbhe aig an robh esan a bheireadh a-staigh coigrich na thaigh-còmhnaidh fhèin. Chunnaic mi an dearbh theaghlach a-rithist ann am Maryhill nuair a chaidh mi air a' Phoileas ann an Glaschu, agus rinn sinn toileachadh mòr ri chèile. Bha iad ag ionndrainn Creag Rainich rìomhach ri taobh Loch Lìobhann, ach bha iad toilichte gun robh an Cogadh seachad.

Chòrd Bail' a' Chaolais agus Creag Rainich riumsa cuideachd. Bha Gàidhlig gu leòr ann aig an àm sin, agus bha an dòigh-beatha mar a bha i ann am Beàrnaraigh. Cha mhòr

nach robh taigh-chearc aig a h-uile cailleach, agus geòla bheag no bàta beag aig a h-uile bodach. Bha geòla bhrèagha aig Creag Rainich, agus fhuair mi fhèin agus mo bhràthair cead falbh leatha. Bha sinn ri iasgach agus a' falbh le uighean nam faoileag a bha a' neadachadh air Eilean Choinnich ann an Loch Lìobhann, on a bha uighean gann aig an àm.

Ach nuair a bha mi seachd bliadhna deug a dh'aois sgrìobh mi ach an gabhadh iad mi ann an Cabhlach an Rìgh, agus chaidh mo thogail greis mus robh mi ochd deug nam ghille-seòladair. Air na *corvettes* a bha mi, air *Atlantic Convoys*, agus bha sinn a' faighinn sia sgillinn san latha a bharrachd airson a' chruadail a bha againn air bòrd nam bàtaichean beaga seo air a' Chuan an Iar. 'S e '*the Churchill tanner*' a bha aca air – is dòcha gur e a dh'òrdaich e.

Chan eil reusan dhomh mòran aithris mu Chabhlach an Rìgh, ach tha an seanfhacal gu math fìrinneach: "Chan eil fios aig fear a' bhaile mar tha fear na mara beò." Agus tha eachdraidh a' Chogaidh aig muir sgrìobhte mar-thà. Às dèidh a' Chogaidh, thill mise do Bheàrnaraigh agus thog am bàrd, Eachann MacFhionghain, taigh dhuinn air làrach an t-seann taighe[7].

Bha mi ann am mòran obraichean. 'S e obair an dam airson an dealain aig Loch Slòigh (dùthaich Clann MhicPhàrlain) a b' fheàrr leam. Thug iad dhomh beagan ùghdarrais agus bha mi a' faighinn trì nota deug gach seachdain, le obair Sàbaid. Chaidh mi an uair sin nam mhaor-sìth do Glaschu ann an 1950, agus cha robh còig notaichean a-mach agam, agus bha agam ri loidseadh a phàigheadh. Bha mi san obair sin còig bliadhna fichead, ach fhuair mi dà bhliadhna a chur ris an àireamh air sgàth gun robh mi ann an Cabhlach an Rìgh ceithir bliadhna. Mar sin leig mi suas an dreuchd aig dà fhichead bliadhna 's a naodh. Tha Glaschu math an-diugh seach mar a bha e leis a' cheò nuair a bha mise ann.

Fhuair mi obair ann an Oifis nan Cìsean, agus bha sin mar gum bithinn air ais air a' Phoileas. Fhuair mi an uair sin obair aig an ola ann an Àird nan Saor. Às dèidh sin fhuair mi cothrom a dhol dhan bhanca, agus fhuair mi peinnsean eile às a sin.

Sgrìobh mi an cunntas goirid seo gu ìre mhòr air làithean m' òige anns na h-Eileanan air sgàth na h-òigridh. Chual' iad gu leòr mu na daoine mòra ainmeil, ach glè bheag mu bheatha nan daoine cumanta, ris an abrar, co-dhiù le Màrtainn Màrtainn, "the vulgar".

---

7   Gheibhear dealbh dhen taigh "*ùr*" air t.d. 47

Tha mise ann an comain dhaoine mar Tormod Lachlainn MacPhilp, an gobha, a bha na shaor agus na mharaiche math, a thug mise agus a theaghlach fhèin air làithean-saora timcheall nan eilean fàs a bha ann an Caolas Uibhist ged a bha e fìor thrang anns a' cheàrdaich, agus bhiodh sinn a' tilleadh dhachaigh le dearcagan an fhraoich, flùran agus lusan annasach mar Lus a' Chraois. Bha craobh mhòr a' fàs os cionn na ceàrdaich aige mar a bha anns an duan Bheurla 'The Village Blacksmith', agus bha Tormod pailt cho làidir ris, agus air an aona chumadh. Bha e trang ri goibhneachd, oir tha mi cinnteach gu robh suas ri ceud each ann am Beàrnaraigh an uair sin. Bha dithis eile ann, Dòmhnall Beag MacLeòid, air an tug mi iomradh mar-thà, agus Eachann MacFhionghain, am bàrd, a thug cead dhuinn a bhith a' seòladh na geòla duibhe, a bha math fo sheòl, ged a bhiodh Iain bràthair m' athar a' toirt rabhadh dhuinn gun a bhith falbh leatha gun bhalaiste.

Agus bu mhath leam fhìn agus leis an teaghlach agam ar n-uile thaing a thoirt dhar deagh charaidean Caoimhean Bree agus a bhean Anna Latharna NicGillìosa airson an leabhar seo a thoirt ri chèile, gus na dàin agus na h-òrain agam a thoirt gu aire beagan a bharrachd dhaoine na tha air am faicinn no an cluinntinn gu ruige seo. Gun luaidh air Anna fhèin, agus an Ceanadach, agus Màiri Sandeman, agus Fionnlagh MacNèill, agus na sàr-sheinneadairean eile a sheinn na h-òrain agam thar nam bliadhnaichean: tha mi gu mòr mòr nan comain uile.

Mo bhàrdachd

Tha Anna airson is gun can mi rudeigin glic mu mo bhàrdachd fhèin, ach dè as urrainn dhomh a ràdh ach gu bheil mi an dòchas gun còrd i ribh, agus gu leugh sibh an rosg cuideachd, oir, mar a thuirt mi cheana, 's ann mar seo a bha ann an làithean m' òige. (Ach a-rèist, ma ràinig sibh cho fada ri seo, feumaidh gun do leugh sibh i co-dhiù!)

'S mi fhèin a bhios a' dèanamh nam fonn air na h-òrain, ach tha e doirbh fonn annasach a dhèanamh, agus their luchd-ciùil nach gabh e dèanamh idir. Airson fonn talc-ùr, tha e do-dhèanta, ged a tha mise air mo cho-èigneachadh a bhith ris an obair. Bha mo chàirdean agus na Beàrnaraich uile math air dèanamh dhuanagan, agus lean mise ris an obair, ged nach robh mi gan cur sìos air pàipear.

Tha mi a' cur crìoch air a' chunntas seo le mìle beannachd leibh uile.

Le mòr-mheas,

Dòmhnall Mac Philip

Bha Dòmhnall (air an taobh chlì) na b' àirde na Tormod a bhràthair, a bha ochd mìosa deug na bu shine

Donald, on the left, was taller than his brother Norman, who is 18 months older

Taigh a' chìobair am Pabaigh

The shepherd's house in Pabbay

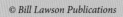

© Bill Lawson Publications

Dòmhnall an èideadh a' Chabhlaich Rìoghail san Dara Cogadh

Donald in his Royal Navy uniform during WWII

Dòmhnall an èideadh a' phoilis

Donald in police uniform

A' chiad bhean aig Dòmhnall

Donald's first wife

Màthair Dhòmhnaill, Peigi Anna NicLeòid NicPhilip,
a bhean, agus Peigi a nighean

*Donald's mother Peggy Anna MacLeod MacKillop,
his wife, and daughter Peigi*

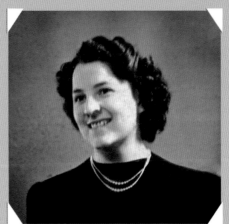

A' chiad bhean aig an ùghdar

The author's first wife

A' chiad bhean aig an ùghdar is Peigi an nighean aca

The author's first wife and daughter Peigi

Màiri Sandeman is Dòmhnall MacPhilip an turas
a sheinn Màiri 'Dualchas' ann am farpais an òrain
ùir aig an Fhèis Phan-Cheilteach an Cill Àirne

Mary Sandeman and Donald MacKillop on the
occasion when Mary sang 'Dualchas' in the new song
competition at the Pan-Celtic Festival in Killarney.

Dòmhnall is a phiuthar, Oighrig NicCaluim

Donald with his sister Effie (Euphemia) MacCallum

Tormod, bràthair an ùghdair, o chionn ghoirid

The author's brother Norman MacKillop in recent times

© *Comann Eachdraidh Bheàrnaraigh*
© *Berneray Historical Society*

Gach dealbh air an dà dhuilleig seo
© *Dòmhnall MacPhilip ach nuair a*
chanar a chaochladh

All pictures on this spread
© *Donald MacKillop except where*
noted

An seann taigh, 's e air a dhèanamh suas às ur,
far a bheil Tormod a-nis a' fuireach

The old cottage, since restored, where Norman now lives

23 Iuchar 1992: an craoladair Norris MacWhirter eadar am bàrd agus Isa Nic'Ilip. Bha làmh aig Dòmhnall ann an càrn a bhith ga chur suas mar chuimhneachan air Gille Mòr na Hearadh, Aonghas MacAsgaill

23rd July 1992: broadcaster Norris MacWhirter between the bard and Isa MacKillop. Donald was instrumental in organising the erection of a cairn to celebrate the famous Giant MacAskill
© Comann Eachdraidh Bheàrnaraigh
© Berneray Historical Society

Deagh charaid a' bhàird, an sgoilear Hùisdean Baran

The bard's good friend, Gaelic scholar Hugh Barron

Gach dealbh air an dà dhuilleig seo
© Dòmhnall MacPhilip ach nuair a chanar a chaochladh

All pictures on this spread
© Donald MacKillop except where noted

Beinn Dòbhrain, far am b' àbhaist am bàrd Donnchadh Bàn Mac an t-Saoir a bhith na gheamair. Shreap Dòmhnall agus Hùisdean gu mullach na beinne.

Ben Doran, where the poet Duncan Bàn MacIntyre was employed as a gamekeeper. Donald and Hugh climbed to its summit.

© Harry Percival

42

Tha Dòmhnall a-nis a' fuireach an Gleanna Comhann còmhla ri Catrìona, an dàrna bean aige

Donald now lives in Glencoe with Cathy, his second wife

© Kevin Bree

Dòmhnall aig Carragh-Cuimhne Dhòmhnallaich Ghlinne Comhainn

Donald at the Memorial to the MacDonalds of Glencoe

An clàr aig a' Chabhsair

The Causeway Plaque

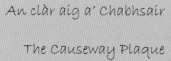

© Comann Eachdraidh Bheàrnaraigh
© Berneray Historical Society

43

Introduction
Looking back

Where it all began

I can honestly say that I was born into extremely fortunate circumstances, despite my father having died six weeks before my birth. We lacked for nothing. Money might be scarce, but Berneray was rich in produce both from land and sea. I was born in January 1926, the year of the Great Strike in Britain: but while city-dwellers suffered the pangs of poverty the Islanders could always find a way of staving off their hunger.

My Uist grandfather was a tailor, and whenever money was scarce he was paid in kind – grain, potatoes, wool, thread or any other product that could take the place of cash. He was married to Anne, daughter of Norman MacPhàic, or MacBhàic – though this was accidentally changed to MacPhilip or MacKillop: nobody today is quite sure why. My father belonged to the same family – that's to say, the MacPhàics.

My mother told me that one of her earliest memories was going with her own mother, the tailor's wife, over the top of Beinn a' Chlaidh[1] on a lovely moonlit night to grind a peck of barley[2]. At that time the only hand-mill in the island was on the other side of the hill in William MacMillan's house. These MacMillans had been shepherds in Borve before 1900, when the estate was divided into eighty crofts; they had also been employed as shepherds in Àird Teinnis, in North Uist. They never charged for the loan of their hand-mill and considerable use was made of it. There was a good road over the fields to William's house and on a lovely moonlit night there were always lots of people going to and fro visiting one another, so my granny – who was always in a hurry – used to try and dodge as many of them as possible. But her husband, the tailor, was completely the opposite: he liked nothing better after his day's work was done than to congregate with other folk to play the chanter and exchange stories.

1   'the Hill of the Graveyard'
2   A photograph of Donald's mother in old age may be seen on p. 45

(Anyone who was reared in Berneray could write a book about the island. It's so full of tradition: but I'd better not digress too much at this point.)

I have one vivid memory that dates from when I was about three years old and just beginning to take an interest in what was going on around me: my half-brother, Donald Alick, came home with a white swan which he had killed by accident when she came between him and some geese at which he was shooting. Everybody was very upset about this: they explained to me that no other bird is as beautiful or graceful as the swan. I was told that the swan provides for itself without inflicting harm on any other living creature. There are swans in profusion on the lochs of Berneray, and long may they remain there. Even though I was only three years old at the time, the death of the swan made a deep impression upon me and I've been fascinated by the creatures ever since.

My mother was my father's second wife, and although my half-brother Donald Alick was only seventeen years old, he took it upon himself to support his father's widow and her two sons by fishing and hunting for animals and working with the horse and cart on my uncle's croft. Two families were living in my grandfather's house at the time, and although my grandfather himself had passed away the children were growing big and the house was growing small.

The new house

When I was four years old we had to leave my grandfather's house and move to a little thatched cottage beside the sea, on a small promontory known as Rubha nam Bodach[3]. Nobody knows why it was called that, but there's still at least one old man living on the site – my brother Norman[4] – though the old thatched cottages are long gone and the island has lost much of its Gaelic ethos, apart from the language itself, of course, which still survives.

Anyway, this little house was gifted to my mother by a kind old man called Kenneth Morrison. It contained only two rooms – a bedroom and a living-room – though in fact the bedroom was quite big: it held two beds, end on to one another, and there was also a single bed in the living-room. But what a cosy house it was! It was wood-lined and well-thatched with marram-grass[5]. A native of the island had refurbished the house but then left the island without ever occupying it.

Kenneth's own house was big: it had three rooms. It had no chimney but there was a fire against the wall between the bedroom and the living-room, and a hole up in the roof of the house to let the peat-smoke out and a little light in. There was only one door, which had wooden hinges and was held shut by a block of wood operated by a string. Kenneth's door never had a lock: there was no need of one. Those days are gone and will never return.

There was a device they used to call a gròbag-fiodha[6] between the door and the fire: this was about five feet wide, and was positioned in order to shield the fire from the draught coming in the door. Above the fire there was a wooden box, about three foot wide, that kept the smoke and soot from the room. In Skye they used to call this a 'hanging chimney': I saw one in Waternish almost forty years ago, and it immediately made me feel homesick.

Our house stood on a little promontory at the place they call the Port. With a bay on each side and a stream behind that flowed across the land and into the sea, it was very nearly an island – and on occasions it actually became one. Our house was attached to old Kenneth's house, which he was very happy about, as the next house again was at least a hundred yards away: this was the only 'white house'[7] in the Port, and it belonged to Hector MacKinnon the poet: a kindly man, full of fun. A book of his hymns has appeared in print, but his other songs haven't been published yet.

---

3   'the Old Men's Promontory'
4   There is a picture of Norman on p. 48
5   *muran*: sea-marram, sea-bent
6   wooden partition which acted as a draught-excluder
7   *taigh-geal*: a house with cemented walls and (usually) a slated roof, as opposed to *taigh-dubh*, or 'black-house' – a thatched house with drystone cavity walls

There were eight thatched houses at the Port when I was young: there were sixty-three on the island altogether, plus about forty white houses.

Old Kenneth suffered from ill-health as he grew older, and felt increasingly vulnerable living on his own. So he was very thankful when we came to stay beside him: if there was ever anything wrong all he had to do was bang on the wooden recess bed in which he slept and we would hear him through the wall.

As I've already said, I was four years old when we moved to the south of the island. I'm pretty sure it was a Monday. The night was dark and my mother carried me all the way: about three-quarters of a mile. Also with us were my half-sister and my brother, who was five and a half at the time.

When we reached Rubha nam Bodach *the tide was in and the two inlets were completely filled with dark ocean. I remember saying to my mother, "Are we going out to sea?" From a little boy's point of view that's exactly what it looked like, as our new house was only a few steps away from the ocean.*

There was a porch-like structure[8] around the door of the house, with neither roof nor door-frame, that provided a little shelter from the elements and also served as a cooling-place for water-basins, and there was another facility that was handier outside. In those days when the weather was fine people did a lot of their work outside with the door open and only a makeshift barricade across it to keep the hens out. In fact the hens of the Port spent most of their time scratching about in the seaweed down in the bays. This made their egg-yolks bright orange and very nutritious. They were known as 'beach eggs': they made the baking a lovely colour as well.

When we arrived in the new house it was already warm and cosy. There was a lovely peat fire blazing and the kettle was singing on the chain. As soon as my mother lit the oil lamp I looked around me and, lo and behold, there was all the furniture we'd left behind us in the old house already nicely arranged in the new one! I found this quite amazing. I couldn't work out how it had happened at all.

In fact it was my half-brother – who was by then about eighteen and staying in my grand-father's house while he waited to emigrate – who had shifted our furniture in my uncle's horse and cart. He went on living in the old house and then eventually sailed away to Canada.

My little brother and I were desperate to meet our new neighbour – Kenny Shibla[9] as he

8   *udabac*: a wall about 6 feet high, built as a wind-break in front of the door
9   'Sybil's Kenneth'

was called in the island – but we were put straight to bed with the promise that we'd see him next morning. There was a sheepskin rug beside our bed, though the whole house was floored with clay on which fresh white sand was sprinkled every day. This was a common practice in black-houses in those days, especially in Berneray where there are hundreds of tons of the stuff. (We became fed up carrying bags of it home on our backs!) The women turned their noses up at dry sand-drift: they preferred damp sand that would look pretty and give good coverage right across the floor.

But to get back to our first night in the new house in the Port. We were tucked into bed on mattresses of marram-grass, which was scratchy right through our night-clothes; but it wasn't long before the waves in the Sound of Uist had lulled us to sleep and we slumbered peacefully all night long.

We were woken up early next morning by somebody barking at the door. Who should this be but my uncle's dog Gìogan[10], who had been living with us in the same house since the day we were born. The faithful creature had come to check up that we were safe and well. We made a huge fuss of him and he stayed with us for some time before going back home and from then until he grew too old, he came to visit us every single day.

---

10   'Thistle'

Emigration

When my half-brother Donald Alick was about eighteen years old he emigrated to Canada, and my half-sister went off to school in Kingussie. Donald Alick couldn't find any work suitable for a young lad in Berneray, and as neither of his parents was alive he sold his father's fishing-boat and went abroad like so many other young men before him. On the day he left we wept sorely – especially my brother, who was a year and a half older than I: he took Donald Alick's cap to bed with him that night.

But there was no sign of Donald Alick's dog. After a whole week had gone by we found the poor creature drowned – washed up on the shore. He'd tried to swim after the ferry-boat that had taken his master away, and had been overcome by the tide. We two little boys started weeping all over again when we saw the dog our brother had loved so much lying there drowned.

In time Donald Alick married a fine girl in Canada. Her father was from Lewis and she wrote to us regularly. Indeed, their daughter came to visit us with her Lewis grandfather. Bbut Donald Alick himself never came back: he just couldn't face the overwhelming home-sickness he knew he'd feel when the time came to return to Canada.

The new neighbour

As soon as we'd bolted down our breakfast we were allowed to go next door to visit Kenneth. His house was so close to the sea that the faraway corner of his outside wall was right down on the shingle. We found his door already open – in fact it was never closed except at night – and we tiptoed in shyly. But what a hearty welcome the old man gave us! He sat us down on a bench behind the partition, close to the peat fire.

I couldn't take my eyes off him. He had a big black beard right down to his chest, black hair down the back of his jacket, and bushy black eyebrows. He wore a black-peaked sailor's cap even though he was sitting beside a peat-fire. (Only the blacksmith burned coal: this was a prerequisite of his trade.) The walls of Kenneth's house were of unlined stone, bare as the mason had left them: stone that had grown black with age. Goodness knows how old that house was.

Kenneth was extremely fond of children: when any of the youngsters in the Port got into trouble they'd run in behind Kenneth's big chair, where nobody was allowed to lay a finger on them. But he had his own methods of instilling good manners into them – and they paid attention to him! He was a truly intelligent man, wise and knowledgeable in the traditional Gaelic way, though unable to read or write. He had been the grieve on the Borve estate in Berneray until it was divided up between the crofters in 1900.

There's so much I could say about Kenneth. He was good at healing cattle – so much so that the crofters would come and ask his advice about all their sick animals. Donald MacAskill, who lived close to us at the Port, used to say, "If Kenny had had any schooling he'd have been as wise as Lloyd George."

(All the old men thought of Lloyd George as a great hero because he'd granted them a pension – five shillings a week[11]. I heard Kenneth himself remarking how delighted all the old men were about this huge sum of money they'd been given round about 1908. The old men in Berneray had a saying: "I'm as happy as the King on the crown." But as the crown would normally be on the King, nobody could work out what this saying meant. Personally I believe that the 'crown' was in fact the 5/- pension they were granted: I think that was what the saying referred to.)

Kenneth could only count in Gaelic and was unable to write; and so, when my mother was working for people on a daily basis, the old man made a kind of calculator – a special stick on which he cut a big notch to record a day's work and a small notch for a half day. He did the same to keep track of his own wages. People were careful in those days.

---

11   or one 'crown', as it was called then

I've already mentioned how good Kenneth was at healing every kind of animal. For instance, before I reached school age I noticed that one of his hens had eaten sea-laces[12]: there was a string of the stuff hanging out of her beak. Kenneth caught hold of the hen and tied her two legs together. Then he sent me to ask my mother for some white thread – without any dye in it at all – and a fairly large needle. "Why?" my mother asked. "I haven't a clue!" I replied, truthfully. My mother threaded the needle and I took it through to Kenneth. He proceeded to boil the needle and thread in the kettle for a long while. Then he held the hen between his two knees, while I watched his every move with my two eyes nearly popping out of my head. Cutting right through feathers and skin, he opened up the hen's throat and pulled out a great pile of sea-laces. Then he sewed up the bird's crop and skin. Tucking her head underneath her wing, he laid her out on the table. She looked completely moribund. "She'll sleep for a while," he assured me, "but she'll be back out scratching around the bay with the others tomorrow." Just as he had said, the black hen was out in the bay the next day, though I didn't believe him at the time: I was convinced she was as dead as a herring.

Kenneth had a hen-house at the end of his house, and so, before he left the island, my brother built a hen-house for my mother. He situated it a short distance from the house, behind a place called Ard Maree[13], to prevent my mother's hens from becoming mixed up with the other old women's hens – especially Maggie and Anna, who were always quarrelling over whose hens were which. This wee hen-house of ours was up above Carragh nan Sealg[14] *where the men used to go to hunt for seabirds: many a morning we'd find a cormorant or a wild duck hanging on the door of our hen-house – which goes to prove how supportive the Islanders were towards one another.*

They had to be. Many young boys were lost from every island during the First World War, and even though I was only young at the time I often heard about the lads who'd given their lives in the field of battle, with nothing to show for it but heartbreak for their parents.

---

12 *feamainn dhriamlaich*: a type of seaweed (*chorda filum*) with dark cord-like fronds, often several feet long
13 *Àird Ma-Ruibhe*: St Maol-rubha's Heights
14 'Hunting Rock'

My Uist grandfather

My mother was an indomitable woman, and my Uist grandfather taught her a great deal about nursing. He was Archibald MacLeod from Balemartin in North Uist, who had been studying medicine until, unfortunately, he broke his leg: thereafter his family sent him to Glasgow to become a tailor instead. He spent six years as an apprentice, sleeping all night under the work-bench among the Lowland wools. You'd have to be a very outstanding worker before they'd offer you a permanent position, as that would mean they'd have to pay you more money – it was always cheaper to hire another low-paid apprentice – and accommodation in the city was expensive for a young lad from the Western Isles. But Archibald's interest in medicine continued, and he used to make remedies for sick people on the side. Strange though it may seem, he made the powder for his purgatives by rubbing glass against stone.

I remember my grandfather very well: a big grey-haired man with a grey beard. Nobody's sure nowadays where his family, the MacLeods, originated. Someone once told me that they'd come from Lewis as shepherds during the time of the Great Sheep[15]. *Although he had a limp and a crutch all his days, he owned two boats – fairly large ones – which he used for bringing home peat, fishing, and to ferry people back and forth across the Sound of Uist. Latterly he walked with two crutches, but the minute he got into his boat he threw his crutches aside, raised the sail, and steered the boat entirely on his own – except for occasions when one of his neighbours, Oighrig Nèill*[16], *sailed with him in the narrow skiff. (Oighrig was a close relative of Big MacAskill, the famous giant who was born in Berneray and emigrated to Cape Breton*[17]. *There's a memorial cairn to him on the west side of the island – in* Siabaigh *where he was born.)*

The Tailor used to compose songs: here's a stanza from one ditty he composed, which describes the kind of people he used to ferry in his boat:

> Thomas Disher, the one-armed man,
> The tinker of cow-hide and the tinker of pewter,
> The tinker of the dram and the tinker of the country,
> The Blind Man with no eyes and his dog on a rope.

15   This refers to the mass eviction of people in the Highlands and Islands to make way for large-scale and more profitable sheep-farms. In the Uists this occurred mainly in the 1840s.

16   'Effie, daughter of Neil'

17   *Aonghas Mòr* ('Big Angus') MacAskill (1825-1863): listed in the Guinness Book of Records as the tallest natural giant and the strongest man who ever lived. His relatives were generally large-proportioned and strong as well. There is a photograph on p.48 of Donald MacKillop and others at the cairn raised in MacAskill's honour.

What a queer assortment of folk used to travel around the Islands in those days! Some of them were very wily and devious – for example, the Blind Man with his dog, whose name was 'Frost'. I can't imagine why a blind man would be travelling around the Islands in the first place. The dog was an evil-looking creature, every bit as unkempt as his master. When the Blind Man was leaving the house he would shout "Street!" and the dog would steer him wherever he wanted to go. Here are the verses that the Tailor composed about him:

> I ferried the blind man over the Sound
> With my slender boat under sail:
> But never again till the Day of Doom
> Do I wish to ferry that tinker with the sinister eyes.
> When I asked him to pay his fare
> He roared at me like a lion,
> And pleaded to the unworthy one[18]
> That I would never earn as much as a groat[19].

The history of the ordinary people of the Islands has never been published and now it never will be. For example, according to my aunt her father never possessed matches: he had nothing but a little tinder-box, a flint stone and a piece of iron to send a spark from the stone to the tinder, which would then catch alight. He carried this device with him everywhere he went, especially when he was going to the island of Votersay to work on the peat – in the tailor's 'slender boat', as the bard himself would have put it.

There were several similarities between my grandfather (the tailor) and Kenneth who gave us the little house. Kenneth too had a little boat about eighteen foot long which I remember very well, though he no longer took her to sea, being by then an old man of over seventy. And yet I seem to recall seeing him once when they were transporting the Board's[20] stallion, with the poor horse swimming and Kenneth holding the halter in his hand to keep its head up out of the water. That was how they used to ferry the horses back and forth to Berneray in those days. They would cross via Uist.

Kenneth never once lost a horse while transporting it across the Sound, though the Board's stallion was in fact drowned on another occasion – in an accident for which nobody was

---

18   the Devil
19   obsolete coin worth about four old pence
20   the Board (later Department) of Agriculture of Scotland

to blame. Roderick MacDonald – one of the Pabbay shepherds, who was also a good bard – composed a humorous song about this particular incident, and Kenneth gets a mention in one of the verses:

> If only the long-haired old man who lived beside the Sound had been there:
> He ferried many a one across, with all the hard work which that involved
>   on either side:
> His beard might stream in rough weather and gales,
> Yet even when he grew grey with age he never drowned a single passenger!

(In fact the last line's inaccurate, for though Kenneth was extremely old when he died, he never went grey! I became very friendly with the bard, 'Pabbay Roderick', years before he composed this ditty, but that's another story, to which I'll come back later.)

The school

The only school in Berneray was built in 1877[21]. It was three miles from the Port where we lived, which meant that the children of the Port had to walk three miles there and three miles home again. Very often our coats stayed soaking wet all day: there was nowhere in the school to dry them. Altogether we walked thirty miles a week. But this didn't bother us at all. Myself and another lad often ran home the whole three miles, without once stopping for a rest!

The Island children were strong and lively, and not very keen on being cooped up in a schoolroom from nine in the morning till four in the afternoon. We had to carry a piece of bread to school to eat at dinner-time, as school meals weren't provided in those days – though before I left school they'd begun providing a cup of Horlicks. When the men were ploughing on the machair[22] we used to run after the plough and pick up the roots of the silverweed[23], clean them off in the sea and hide them in our pockets. They were tasty and nourishing – or so I believe. One day we spent too long collecting silverweed and were late for school, which earned us two strokes of the belt each; but worst of all, the schoolmaster confiscated our silverweed! We also used to eat the white carrots[24] that grew wild on the island's machairs, and sorrel and the tops of certain other flowers that I'd better not name for fear someone may end up eating poison! My mother used to warn us never to eat anything in case we ended up eating hemlock, which would kill anyone stone dead.

My mother often went out to work, and on those days our dinner was prepared by the tailor's wife, my granny in Poll an Òir[25]. My father's parents had passed away and so had the tailor himself, but our one remaining grandmother was good to us in every way. We were so little we had to stand at her table. She herself was only a small woman, but she was very hardy.

I went to school when I was five and a half. Six years was the legal age, but my mother said I was becoming "old-fashioned" through spending so much time among the old men at the Port, and that I'd be better off in school. When I went to school in 1931 most of the Berneray children had not a word of English, yet we all had to repeat our names in English to the schoolmaster from the very first day we went there.

Gaelic was left on the shelf from then on, though we continued speaking it outside the

21 There is a photograph of the school on p. 93
22 sandy meadows fringing Hebridean islands: grassy and rich with wild flowers
23 *potentilla anserina*, sometimes called 'Wild Agrimony'. Its root-stock was eaten in the Hebrides in times of food shortage.
24 *daucus carota*, a flowering plant, with an edible root, very similar in appearance to the deadly poisonous hemlock
25 'Golden Pond'

school walls; and Gaelic was the language of instruction at the Church Sunday School, which helped us considerably as regards Gaelic literacy. However we did get a smattering of Gaelic in the English school before we left. (Since I had started school a year early I was allowed to leave at fourteen and a half.)

In my first year at the school, when I was at most five or six, I had an experience that's still as fresh in my mind as if it had happened yesterday. I was playing on the road above our house with a hoop off a barrel when I suddenly saw two figures waving at me. The bigger one shouted "Hey, son!" and waved his hand at me, and then they both ran off and hid behind a boulder about two hundred yards away. I went haring after them, keeping my eye on the boulder all the while. I'd no sooner left the road than about twenty horses went stampeding by. They had been hidden by the dip in the road, so I hadn't seen them coming. If I had not left the road when I did, I would have been trampled to death beneath their hooves. Anyway, I reached the boulder and found that it was so narrow that not even a little boy could hide behind it: I had thought that the people I'd seen were boys.

It was a calm evening at the end of autumn when that episode occurred. The harvest was in and the potatoes were lifted, and when the horses got loose nothing would hold them back. If it hadn't been for the warning my life would have been very short indeed. The ground all around the boulder was completely bare, and though I did search around for the two people it was obvious that nobody on earth could have hidden there. But I didn't feel the least bit frightened by the incident and never even said anything to my mother about it.

I was told by an Oxford scholar that there had been other sightings of such phenomena, and that the apparitions usually went about in pairs. Well, so he told me: he's no longer with us, and I wouldn't like to misquote him. But if there are such things as guardian angels, I reckon that was who saved my life that day. I've often been teased about this experience, though I never really thought much about it till I was much older. People tend to dismiss things they don't understand, even things they've seen with their own eyes. Man's understanding of matters of this kind is only evolving gradually.

Anyway, some afternoons it was my job to leave a bag of peat in at the door, to carry water from Tobar a' Ghlùip[26]*, and to shut the hens into the hen-house. I then ate my supper and ran straight in to Kenneth's house. "The place where you buried your granny,[27]" as my mother always used to say.*

26　'the Puddle Well': its water wasn't drinkable, but it was good enough for washing and other everyday purposes.

27　This was a Uist expression, meaning "your favourite place", or "one from which you were never away".
　　(Also, perhaps, somewhere your mother couldn't possibly give you a row for hanging about!)

Kenneth would send me to Tobar a' Gheàrraidh[28] *to get half a bucket of drinking water: I wasn't strong enough to carry a whole bucketful. There was a well and a stream closer by, but its water wasn't fit to drink.* Tobar a' Gheàrraidh *was the only proper well at the Port, and it supplied drinking-water for all eight families at the Port. Salt herring always used up a lot of well-water! Huge quantities of it were always drunk with the herring. They called this "the drink for the thirst that's yet to come."*

We only rarely ate beef but we often had mutton, especially at the weekend. Often the meat was salted, which was very tasty.

28 'the Well of the Sheiling'

Potatoes and peats

My mother always planted a rig of potatoes. She herself cleaned and lifted the potatoes, but she had to pay somebody else to put seaweed on the rig and plough it for her with a pair of yoked horses. It was a lovely sight to see the horses ploughing on the machair at Borve.

The island children were taught very young how to do all the necessary jobs, but nobody was hard on them. We were well-clothed and well-nourished, but went around the island barefoot for the entire summer and autumn. Truth to tell, many of us had no shoes to wear. Even if we'd had them we wouldn't have put them on, and by the time the winter came they were too small for us.

There was a cockle strand near our house. It was more than half a mile long in each direction, and people always gathered cockles there. It used to be said that whenever Islanders came home on holiday they had to eat at least three dinners of cockles before their stomachs recovered from the pollution of the city!

At spring-tide there were always loads of razor-fish to be had when the tide was out, but since the Causeway was built the tide is no longer able to go far enough out for the razor-fish strand to become exposed. In my youth there were plenty of scallops around the shore as well, though they're not so plentiful nowadays.

Despite this, the Causeway is a real blessing. Within my lifetime a young woman died because the doctor was unable to cross the Sound due to bad weather, and there were no helicopters in those days.

Berneray had one great disadvantage, as did other small islands in the Sound of Uist and Harris, in that the peat that was once found there had been exhausted – though there is still plenty of it in Uist and Harris. When I was small my mother used to get her peat from the island of Stroma, near the Uist shore. She had to pay someone to strip the bank and cut the peat, but once it was reasonably dry we – my mother, my brother and myself – would lift it and pile it into small stacks ready to bring home. Then she paid a boat and a crew to bring home two loads of peat. That had to serve all our needs for a whole year. There was never enough money to go round – nor enough help. My mother had only ever had one brother in the world, and he was lost in World War One.

Once my brother and I reached the ages of ten and nine respectively we were allowed by the School Board to stay off school to help my mother with the peat.

Donald's boat

I also recall when we were younger going to Àird Teinnis in Uist, in a little boat about thirteen foot long, to help with my granny's peat. There was just one man in charge of us, Wee Donald son of Donald son of Norman, who lived in Poll an Òir. *The boat had been built by a Berneray carpenter, and though she was small she was strong under sail. Donald called us his 'scrap crew': it was made up of James, Wee Donald's niece's son, my own brother Norman, and myself, who was the youngest. We were eleven, ten and nine years old respectively.*

Donald was as strong a man as ever I saw. We had a long distance to travel, through a narrow strait, rocks, currents, open sea and an oncoming wind. When there was no wind we would row, sitting behind the oar with one of us pulling and another one pushing. We sang ditties, or rowing songs, though none of us were good singers except myself and Wee Donald, who was full of all kinds of fun and nonsense. Nothing ever bothered him, and when we reached land all he ever said was "Jump out like a bird, now, and take the end of the rope with you!"

Donald's father also had a sailing-boat, which became Donald's until she grew too old. She had a short-cut stern like a Zulu[29], and looked lovely under sail – unlike my father's boat, whose sail was too big: my grandfather always said she looked like a wee boy wearing his grandfather's jacket!

Wee Donald had another boat that was nearly twelve foot. She was slender but safe – though she was really leaky: there was always a loch of water slopping about in her. For that reason Donald called her 'The Pond'. Then he got a boat that was about fifteen foot, which had belonged to his brother Norman. This Norman was a sea-cook, so Wee Donald never called him anything except 'The Cook', and his boat 'The Cook's boat'. Whenever the Cook was at home on leave he used to go hunting with a friend, whom Wee Donald never called anything except 'Bovril': you can work out why[30]. He never called me anything but Danny to my face, but behind my back he called me 'the Yank that lives at the Port'; and he called himself 'Dan'.

It would have been a very difficult or unhappy situation that Donald couldn't make light of to his young companions. We were always with him in his boat or at home around that time.

At Donald's house we used to be fed on tea with scones and syrup, provided by his niece's

---

29   a type of boat, first built in the late 19th century, at the time of the Zulu Wars. It was designed specifically to be fast and easy to handle under sail.

30   after an advert popular at the time, with the slogan: "Bovril, the cook's best friend"!

married daughter, and Donald always assured us that once he was married himself we'd continue to be well-fed by his wife. But we didn't want Donald to get married at all, as we were happy as sandboys in his house, playing with James, his great-nephew, who was a bit older than I. James was clever and strong, and as skilful as an old man in the boat.

Donald had a croft with cattle, sheep and a horse, though he didn't do any milking. And then one day he up and married a fine young woman from Uist – and we went on being just as welcome in Donald's house as we'd ever been before!

Supporting one another

After the autumn work was finished the people would take home the last of the peat: it would be the beginning of winter before the last loads were in, drawn along by little boats and skiffs. The islanders who lived far from the shore had to take their loads home by horse and cart. I'm sure there must have been about three hundred loads of peats landed in Berneray every year, for there were about a hundred houses and many of them got three loads. Many people worked away from home, so those who were left behind on the island had to labour from morn till night before the bad weather came.

The children did their share of the work, making sure that before the winter storms set in there wasn't a single old man or woman who wasn't protected by a well-thatched house and a peat-stack at its gable-end.

As already explained, we had to get the peat from the islands in the Sound of Harris and Uist. My mother had to pay five shillings to the estate for the use of the peat-bank. By about the beginning of summer the widows were beginning to run out of peat, and Wee Donald and his 'scrap crew' – my brother Norma and I – would scratch around all the peat-banks in the islands in search of scraps of peat and old turf, and the old ladies were thankful even for that.

There was one big strong widow in the Port, Anna Iain Mhòir[31], who used to fill up the window of her bedroom with dry seaweed for the winter. This protected her window so well that she never even heard the winter storms. She was a funny old lady: Big John MacLeod was her father – as strong as any man that ever lived in Berneray. Her neighbour had a radio, and she called the accumulator 'the old man's tin-can'. She wasn't far wrong with her translation.

Where she lived there were three houses all in a long row, with one continuous roof. Two of the houses opened to the front, while the door of the third house opened out to the back. These three houses, freshly-thatched and sitting on the meadow beside the sea, made a lovely peaceful picture. In those days people took pride in their work. Even the corn-stacks were beautifully thatched over with marram-grass.

---

31 'Big John's Anne'

My mother

My mother was often out attending houses where there was either a birth or a death. My father died of cancer about a month and a half before I was born. And though she nursed him herself there was a great deal of fear among poor people about this deadly disease, and her own experience made her sympathetic towards the sufferings of the less fortunate. She wore black from the day my father died until her old age, but in spite of this she was a cheerful person. She was fond of Gaelic songs, and believed that it was a strange man indeed who wouldn't take a dram. She faithfully attended Church, both on Sundays and weekdays, although our house was the farthest away from the church: she had to walk about three miles on a Sunday, there and back, and because she went morning and evening that meant she walked six miles. And at Communion time, when there were three sermons a day, she walked nine miles – a long journey for a woman who had been working hard all week. But as long as your legs would carry you there was no excuse for not attending!

The Government provided very little financial support for a widow who was raising a family, and any wages she earned had to be declared. When my mother was young she went away to work on the mainland, where she learned to cook. She was employed for a while in the infirmary in Lochmaddy, the Long Island Institution. There were a great number of patients, and whenever the Dunara Castle *couldn't land to deliver the bread she had to bake it herself – four ounces of flour for each person. The Governor stood over her while she measured the flour, to make sure she didn't use a single extra ounce. He was a fine man, but he used to say that his superiors required him to keep a detailed account of every outgoing, so he couldn't be as generous as he'd like to be. That's how things were in those days, but then again there were many poor souls who were grateful such a place existed at all.*

We were well off growing up at the Port, as were all the Island children. In my young days I'm sure that not one of them ever went to bed hungry. After my brother and I started school my mother could take on plenty of work: she often got wool in lieu of payment, and when she had time she used to dye it, and then card and spin it. This work was known as calanas. *The weaver made the cloth for her, but she herself laid out the design on the warping-frame in the weaver's house.*

Kenneth's dream

Our neighbour Kenneth lived alone, but we were next door, and other old men often came and visited him. Whenever they turned up I would be in behind them at the double – and many's the strange tale I heard them tell. We heard from the horse's mouth about the dream Kenneth had. One beautiful moonlit night a man came to stand at his bedside and told him to get up, bring a certain neighbour with him and go up to the top of Beinn a' Chlaidh to the spot where the big stone stands in the middle of the graveyard; and that there, where the shadow of the big stone fell upon the ground, he would find treasure. Kenneth woke up and went to the door to discover that it was indeed a beautiful moonlit night, but as there was no sign of anyone there he went back to bed.

For three nights in a row the same man came back to him in his sleep, but Kenneth never followed his advice. Kenneth wasn't bothered by all this, although before going back to bed he went outside and worked out pretty well where the shadow of the stone would fall in the graveyard.

"Which neighbour," asked one of the other old men who were in his house at the time, "did the man in the dream say you were to take with you to the graveyard?"

"It was John MacDonald," replied Kenneth, "who lives at the foot of the hill. But I never went to call for him, nor did I tell him anything about it, because I was scared it would be tempting Providence."

When the old men heard MacDonald's name nobody uttered a word.

In Kenny Shibla's dream he was told to take a spade with him to dig up the treasure, and he was afraid that if they found something valuable they might fall out over it.

Maybe Kenneth was afraid that if they found the treasure they would fall out with one another because of the kind of person MacDonald was: a big giant of a man who wasn't scared of a living soul. Kenneth was an astute man, and many's a one to whom he gave good advice. And he himself was quick and fearless in his day. During his stint as a farm manager nobody ever got the better of him though many tried. He used to impound the horses at Ruisgarry and make their owners hand over a shilling each before they got them back.

John MacDonald

I remember this John MacDonald well when he was an old man. I was often in their house playing with Donald, his daughter's son. In his prime John was a big strong man, with a big crooked nose. It was so big that he himself made a song up about it. Here's one of the things he said about it:

> My nose would land in my spoon
> Before I could even get it to my mouth!

John was married to a splendid woman – a skilled tailoress from Balemartin in North Uist. That was where my Uist grandfather came from: they were related by marriage.

These MacDonalds were from the island of Pabbay, although the family had originated in Berneray. John was a really fine stone-mason who built a good number of houses in Berneray – white houses, although he only built a black house for himself and his family. But I never saw a thatched cottage like it anywhere else. The walls were thicker at the base and leaned inwards towards the top. The front of the house was lime-washed and it was dry-stone at the back, though I've no idea why. When you went in the door there was a lobby with a stair that led up to a wooden loft which contained a couple of bedrooms. There was a glass window in the thatch that let in a good deal of light to the upstairs rooms. I never saw windows in a thatched cottage until I went to England, nor indeed rooms overhead in the eaves of a thatched house.

John MacDonald didn't have a croft, but there was a big high wall all the way round his house, and I remember him digging it over with a spade when he was an old man. Though he was such a good mason, he was also a master mariner, and owned a big powerful fishing-boat. During the fishing season he and his crew would sail her as far as Caithness and Peterhead. When the fishing was over they would sail the smack back to Berneray and throw the ballast onto a rock on the shore in Berneray, which is called 'John MacDonald's Rock' to this day.

This man MacDonald was a fine man, but he had one little weakness. He kept a roulette wheel in his house: I'm not even sure if this was legal at the time. He used to buy up junk, especially watches for which he paid five shillings in the shops: but who knows how much a man would have to spend before he'd win one of those on John MacDonald's roulette wheel? It was the sailors who used to get involved in this pastime when they were home from the sea. They knew exactly what they were doing, so they couldn't complain when they lost. I found all this out from my mother after I reached adulthood: she confided it to me on the understanding that I wouldn't pass it on to anyone else – but that whole generation's dead and gone now.

Shortly before John MacDonald died, a man with second sight witnessed a light leaving John's landing-place during the night; but he said that this couldn't possibly denote a funeral, as funerals always went by road to the burial-ground. But there was such a hard frost at the time poor John died that neither man nor horse could stand upright without slipping, with the result that they had to take his remains by boat to the other end of the island because it was closer to the burial-ground. And it was from John MacDonald's own landing-place that they lifted the coffin. So this was the light which the clairvoyant had seen. He had freely retold everything exactly as he had seen it, because it never occurred to him that it might in fact be a bad omen.

That proves to me that there is such a thing as second sight; and there are still people who can foretell the future. If I were to write down all the things I saw and heard in Berneray in my youth, not many people would believe me. But I would like the young people of today to understand how different our world was from the one they live in.

Drink!

We weren't surrounded by worldly temptation when I was young, and girls never went into pubs. Personally I was about four years old when I got my first taste of drink: it was in my grandfather's house, and it happened all too easily! At that time one of our relatives used to bring home yeast and all the other ingredients needed for the making of porter (a kind of beer). My grandmother, my mother and my mother's sister also used to make it when my aunt was home from England. First they brewed it in enamel buckets and then they transferred it into glass bottles. Every now and then my mother would make about a dozen bottles of porter for Kenneth: he had a big wooden chest in his bedroom that could just hold a dozen bottles of porter nicely. The bottles had cork stoppers which couldn't be inserted too tightly at first, lest the bottles burst when the yeast began to ferment. Now and again there would be a bang when the stopper of one of the bottles came out, and they'd all be put back in one by one – more firmly this time so that they couldn't pop out of the bottles again. The porter was ready then.

I was between four and five years old when my granny gave me a whole dish of porter with a spoonful or two of sugar in it. It went straight to my head. I remember it very well, not to mention the row my mother gave my granny for getting me drunk! When I grew up I preferred the 'hard stuff' to beer; but when my friend Kenneth drank a dish of porter and got his pipe going well with black tobacco, many's the good yarn he used to tell me.

Clyde

Kenny Shibla had only picked up English by ear, but he could understand enough to take the laird's sheep down to Glasgow on the S.S. Dunara Castle. Kenneth had an extraordinarily wise sheep-dog called Clyde, and once when he was over with sheep he lost the dog on the Broomielaw. He had to return home without it, expecting never to see it again. But on the very next trip the 'Dunara' made from Glasgow the dog jumped aboard and wouldn't move from the ship. The skipper told the crew just to leave the dog be: it knew where it was going. Every port the ship called in the dog peered out, and as soon as they reached Lochmaddy it jumped out and walked the eight miles to the Sound of Uist. The Sound is more than half a mile wide and full of currents, but Clyde didn't take long to swim across it, and then walked straight into Kenneth's house, soaking wet. What a great welcome he got!

A stranger once offered Kenneth five pounds for Clyde, but he said he'd never part with the dog as long as he lived: and that in any case the dog wouldn't obey anyone except Kenneth – which was certainly true.

Kenneth once told me that an ill-wisher had attacked him badly when he was riding home on horseback late one evening. As I've already said, Kenneth was grieve on the Borve estate: because he carried out his duties scrupulously – for example impounding horses or any other animals that ought not to have been grazing on the land – some people bore him grudges. Anyway, this particular person pulled Kenneth off his horse and was going to give him a going-over; but no sooner had he dragged him down than the dog jumped on the attacker. If Kenneth hadn't restrained the dog the man would have been dead; and if the dog hadn't found its way home from Glasgow goodness knows what would have happened to Kenneth that night. His attacker promised never to lay a finger on Kenneth again: although it was getting dark Kenneth knew perfectly well who he was, but never ever told me.

As the young people in the Port grew up they were forever running errands for the old people. "Off you hop to the shop," was the cry, "and if you fall over don't be long in getting up again!"

At that time a box of matches cost a penny, a bottle of paraffin twopence, and two ounces of tobacco one and sixpence. That was expensive at a time when you only had ten shillings coming in each week.

When I got back from the shop Kenneth would say to me, "The willing worker gets the first basin of food".

When I learned to read I used to rush in next door with my book. There was a big old cane fishing-rod running between the back wall and the front wall of Kenneth's house. A

paraffin lamp was hooked onto this rod, and though the light from the lamp wasn't all that good it was easy to move it along to exactly where you wanted it.

Kenneth was always greatly interested in whatever I happened to be reading: I read him practically the whole of Robert Louis Stevenson's Treasure Island – *and how he enjoyed it! I would scarcely get peace to read a single page to myself before the old man would interrupt by saying, "All right, laddie, so what's happening to the pirates now?" Then I would proceed once more to read this fictional story to him as though every last word was true – meanwhile thinking to myself that Kenneth was not unlike a pirate: with his black jacket, sailor's cap and black beard he could have passed for the great Blackbeard himself. The cap never came off except when Kenneth said grace or got into bed. If the children of today were to see a picture of that little barefoot lad sitting at a table with a dim oil-lamp above his head, its wick guttering in the cold draught coming in under the door, nothing on the walls but bare, dry stone, and a big old man dressed in black, smoking a pipe beside a peat-fire with a scruffy little kitten by his side, they'd say it was all just make-believe.*

But that's how it was. (And when I went off to Glasgow to become a policeman, and saw families living in one room – about four families with only one toilet between them on each stair – then I could hardly believe my eyes. Those single-ends were so tiny that they were difficult to keep tidy, but despite this they were done up nicely by the people who lived in them – most of them anyway. But you couldn't get anything for nothing, and if you were out of work you were very badly off indeed – though things were beginning to improve a little by the time I joined the Police force in 1950.)

Another island

When was nearing the end of my schooldays I began helping my brother with the sheep at lambing time. And so when I left school at fourteen I managed to get a job in the island of Pabbay[32], as assistant to the shepherds – three brothers, who hired me for seven months at the rate of a pound a month plus food. When it was time to return home to Berneray the following April they presented me with seven pounds. What a fortune! I'd never had anything like seven pounds to myself before.

There was nobody in Pabbay except these three brothers. The island had been evacuated about a hundred years before the winter I spent there – apparently on the grounds that the populace had been distilling illegal whisky, though some folk say that was just the excuse used by the land-owner because he wanted the island all to himself.

Pabbay is a lovely island, and its soil was excellent for growing barley. But when the Pabbay folk came to dilute the whisky there wasn't any suitable water in Pabbay, so they used to come over to Berneray with barrels which they filled up with water from the well at Leathad Ullaraidh, *on top of* Beinn a' Chlaidh: *it was said there was no water anywhere as wholesome as this.*

There's a wee loch in Pabbay known as Loch Headal, with a stream running out of it. This in turn supplied a little spring[33] close by the shepherds' house. This little spring was the only well I ever saw anywhere in Pabbay. I never liked the taste of the water from it, but I got used to it in time. At the other side of the stream was the Pabbay Temple surrounded by the burial-ground, and the big thatched house in which we lived was right in front of this.

It was a sheltered island, and I spent a very happy winter there with the shepherds – Big Donald, Donald and Roderick. They were MacDonalds from Cleite na Ducha, in Harris. I *was the third lad to have spent a winter in Pabbay with these shepherds.*

Three years earlier they had informed the owner of the island that they wouldn't spend one more winter there without another living soul but themselves. And so each winter from then on they brought a boy over from Berneray, whom they had to pay themselves. Somebody told me it was because they had seen a ghost, but I don't believe a word of that. They had simply been on their own for too many years, living in a deserted island with no companionship except the occasional fisherman from Berneray, and they would have welcomed any other living soul as long as he behaved himself. They were all fine singers and Roderick was a good poet: I've already mentioned his song 'The Board's Horse'.

---

32   For a photograph taken in Pabbay, see p. 44
33   *glumag*: a pool or hole filled with running water

But without any doubt they were lonely. As the famous Pabbay bard, Neil Morrison, said in his 'Song of Fear':

> *"A long winter without companionship,*
> *That's what left me with this haggard appearance."*

I've never heard such a good traditional Gaelic singer as Wee Donald from Pabbay – and what with a poet, a singer and a gramophone, we were pretty well off. Roderick was a great reader and had a good collection of books, though they were all of a type that would nowadays be considered outdated; but I enjoyed them well enough.

Big Donald was our huntsman, and we often dined on game-birds accompanied by vegetables out of their big garden where all kinds of things grew.

At the time I was staying there Pabbay belonged to the Campbells of Harris. There were hundreds of deer in the island, but the MacDonalds never killed any themselves, though at Christmas time they would shoot a few hinds for the landlord to send to his relatives.

Although Big Donald stayed with his brothers in Pabbay, he wasn't paid for by the owner of the island. But he was a good worker, and his brothers kept him in food and tobacco. They needed someone like Big Donald to help them, because they themselves were fully occupied with the sheep and cows. The calves were wintered indoors, and between that and keeping an eye on the deer they had plenty to do. Big Donald was good at hunting and baking, so he kept us well-fed!

When the shepherds didn't need us, myself and Big Donald would pick whelks (there were whelks galore in Pabbay), and what fun we had. When he'd collected about fifteen bags of them he'd take a trip to Harris to sell them. Every now and then the Campbells' boat would come across to supply us with food and other necessities, and Big Donald would hitch a ride and take the whelks with him.

It was war-time, and you could get a good price for whelks. According to Big Donald, he used to spend money like water in Harris, but one Harrisman told me that "If Donald bought a dram for himself and a round for the other old men, that was the most he ever spent." I believe Big Donald was approaching sixty by the time I got to know him.

The Pabbay boys never found wives for themselves. There were no people in Pabbay apart from themselves, and they were too old by the time they returned to Harris. They were friendly to everyone and very steady people, and it was a real shame that none of them ever married. Wee Donald told me that he would like to have been married, but – though they never realised it at the time – they were actually married to the island of Pabbay.

When I was in Pabbay there wasn't a single piece of life-saving equipment except for the strong little boat in which they rowed themselves over to Berneray, and what I used to call the 'distress beacon'. This was a big pile of wood and anything else that could send out a light by night or on a foggy day. This pile of wood was up on the screes on the western slopes of Lingay where it would be visible in Harris and beyond. It was the very first thing the Pabbay boys showed me, and also where the matches were kept. There was neither doctor nor nurse in Pabbay: even in Berneray at that time we had nothing but the telegraph and one nurse.

When I watched television footage of those "poor souls" that spent a year living in Taransay – with every modern convenience under the sun! – I couldn't get over how awkward and clumsy and totally out of their depth they were. But then clearly that was the reason why they were chosen.

But I digress…

The mainland

And so I left Pabbay and went home to Berneray in the April. Meantime, without my knowledge, my brother Norman – who was eighteen months older than I – had left the island and found work in Glencoe. He was staying by himself in a farmhouse, so I went and stayed with him and got myself a job in the aluminium works in Kinlochleven.

My brother was in sole charge of this farm although he was only seventeen years old. He had to look after cows and sheep and a big black mare. The black mare was as quiet as a lamb, even out on the road among cars – though there weren't many of them in those days: the War was in full swing and petrol was scarce. There were plenty of horses in Berneray, so my brother and I were both well-used to working with them and riding on horseback. I missed the Berneray folk and the Pabbay lads too, but I especially missed 'Jimmy', the little horse we had in Pabbay. He pulled a small cart with car-wheels on it to bring home driftwood from the shore, which was our only source of fuel on the island. (It was said that a boat had sunk with a load of coal-mining props on board, and that much of the load had come ashore. As there was no peat in Pabbay, it was just as well to put this wood to use, even though it was an unfortunate accident which had caused it to come ashore in the first place.)

Anyway, not long after I arrived in Glencoe, to stay at Achnacon Farm with my brother, I had to take the black mare with a cartful of cattle-feed to the Gordons' farm in Brecklet, high up above Ballachulish. Somebody pointed me in the right direction, and though it was steep going it was no bother to the black mare. But on the return journey I had only a vague notion of the roads and was scared I'd get lost; but I just gave the mare her head and she brought me safely all the way home. She even stopped at the crossroad at Glencoe to let an old lorry past. I never even saw the lorry: in my own mind I was still back in Pabbay where was neither lorry nor road!

It wasn't long before my brother was conscripted into the Army, and the owner of the farm had to sell the stock. All the young men were away at the War and the work was too hard for the old man. Norman told me it was the hardest thing he ever had to do to send the animals on the goods train from Ballachulish to Oban where they were sold, especially the black mare who was so beautiful-looking and so kind-natured. He knew for sure that the only fate in store for her was to have a gun put to her head. The Second World War wrought huge changes upon the Highlands, as it did everywhere else.

When I first came to the mainland nothing really surprised me. The train was just as I'd pictured it, though I'd never realised how high the mountains were until I actually saw them, nor how many of them there were. When I was a young boy in Berneray the only technology we had was the telegraphic equipment in the Post Office. The Postmistress used to send a young man off to deliver each telegram to its destination in return for a few pennies. The information arrived in Morse Code, at which the women of the Islands were as adept as anyone else.

Shortly after the beginning of World War Two, when things were looking very difficult for Britain, my sister Effie, who was a children's nurse, took the children of the Glencoe proprietor for whom my brother worked – a little girl and baby boy of only a few months – overseas to Cape Cod in Massachusetts. She sailed across the Atlantic in a beautiful big passenger ship and returned home on the same kind of vessel when the War was at its height: she was highly praised for her bravery. It was said that the baby, who was only three months old at the time, was the youngest evacuee ever to have been sent across the sea to the United States.

The proprietor owned a lot of land and lived in a big house called Craigrannoch, the name of the spot upon which the house was built. He gave my mother the mews cottage above the stable of his own home: there had only been a couple of old cars in it anyway. He and his family lived in the big house, and they had some evacuees from Glasgow living with them as well. The name of the proprietor of Craigrannoch was Hugh J. MacColl, and he was a very learned man. He was in charge of the laboratory in the aluminium factory at Kinlochleven. My brother worked with him for a while in Kinlochleven, until conscripted into the Army.

This MacColl was a true Gael, even though he didn't speak a word of Gaelic. It's not everybody in his position who would take strangers into his own home. I saw the same family again in Maryhill after I had joined the Glasgow Police, and we were thrilled to meet up with each other again. They missed lovely Craigrannoch by the side of Loch Leven, though of course they were delighted that the War was over.

I too enjoyed Ballachulish and Craigrannoch. There was plenty of Gaelic spoken there at the time and the way of life was not unlike that of Berneray. Almost every old woman owned a henhouse and almost every old man owned a little rowing-boat. Craigrannoch himself had a lovely boat, and my brother and I had permission to go out in her. We used to fish, and hunt the eggs of the gulls that nested on Kenneth's Isle in Loch Leven, since eggs were scarce at the time.

But when I was seventeen years old I wrote to the Royal Navy to see if they would have me,

and was enrolled as a boy sailor just before my eighteenth birthday. I was on the Corvettes – the 'Atlantic Convoys' – and we were paid an extra sixpence a day because of the hardship we experienced on board these little boats out on the Atlantic. They called this sixpence 'the Churchill tanner': perhaps it was he who ordered it to be paid.

There's no cause for me to say much about the Royal Navy except that the proverb is very true: "The countryman has no idea how the seaman lives." And the history of the War at sea is already written. After the War I returned to Berneray and the poet Hector MacKinnon built a new house for the family on the foundations of the old one[34].

I held down many different jobs over the years. The one I enjoyed most was working on the electricity dam at Loch Sloy (MacFarlane country). I was given a degree of responsibility there, and earned thirteen pounds a week including Sunday overtime. When, in 1950, I became a policeman in Glasgow, I was paid only five pounds – out of which I also had to pay for my lodgings. But I stayed in that line of work for twenty-five years, and was allowed to add on another two years for having been in the Royal Navy for four years. Thus I was able to retire at forty-nine. Glasgow has much improved from the smoky place it was when I was there.

Thereafter I got a job in the Tax Office – which was not unlike being back in the police! – after which I found employment in the oil industry at Ardersier, and then was given the opportunity to join the bank, which provided me with another pension.

In this short account I've concentrated mostly upon the days of my youth in the Islands – primarily for the benefit of the young people. They've heard plenty about important, famous people, but very little about the lives of ordinary people: those who are dubbed – at least by Martin Martin[35] – "the vulgar".

I'd like to express my gratitude to the blacksmith Norman Lachlan MacKillop – an expert carpenter and sailor – who used to take me and his own family on day-trips around the uninhabited islands in the Sound of Uist despite being very busy in the smithy; we had to return home laden with blaeberries and rare wild flowers like honeysuckle. There was a big tree growing above his smiddy just like the one in the English poem 'The Village Blacksmith'; and Norman was every bit as strong as that village blacksmith, and similar to him in appearance. He was always kept busy at his trade, for I'm sure there were as many as a hundred horses in Berneray at the time. There were another couple of men to whom I

---

34   A photograph of the "new" house is to be found on p. 47

35   an early Scottish travel writer and native Gaelic-speaker from Skye, famous for his work *A Description of the Western Isles of Scotland* (1703)

am equally indebted: little Donald MacLeod (about whom I've already spoken) and Hector MacKinnon, the poet, who allowed us to sail the black boat that went so well under sail, though my Uncle John always warned us not to go out in her without ballast.

And last but not least I and my family would like to thank our good friends Kevin Bree and his wife Anne Lorne Gillies for preparing this book and bringing my poems and songs to the attention of a few more people than have seen or heard them up till now. Not to mention Anne herself, and Calum Kennedy, and Mary Sandeman, and Finlay MacNeill, and the other fine singers who have sung my songs over the years: I'm indebted to them all.

My poetry

Anne wants me to say something wise about my own poetry, but what can I say except that I hope you enjoy it, and I hope that you'll read the prose too, because, as I said, it's designed to illustrate how things were in the days of my youth. (But then, I suppose if you've got this far, you must have read it anyway!)

I compose the tunes for my songs myself, though in fact it's hard to compose an innovative melody; indeed, some musicians would claim that it's impossible. As for a tune that's entirely original, well that is definitely impossible – though I find myself compelled to keep on trying. My own relatives, and indeed all the Berneray folk, were good at composing ditties, and all I did was continue their work, though I never wrote them down.

So now I end this account with a thousand blessings to you all.

Yours respectfully,

An Iuchair 1939

July 1939

Muinntir à Ruisigearraidh a' leigeil an anail o chur a' bhuntàta, mu 1960

A group of Ruisgarry residents taking a break from potato planting, circa 1960

Air a' Mhaggie MacLean, Dòmhnall air an taobh chlì is Tormod a bhràthair air an iomall air an taobh dheas, mu 1950

On the Maggie MacLean – Donald on the left, his brother Norman on the far right, c1950

Iain Aonghas Peatarsan a' togail fear-siubhail airson a' Sweet Home

John Angus Paterson collecting a passenger for the Sweet Home

Gu neo-àbhaisteach, thathar a' togail an eich seo dhan bhàta – sa bhitheantas bhiodh eich a' siubhal eadar eileanan a' snàmh ri taobh bàta

Unusually, this horse is being lifted aboard the boat – it was considered normal for horses to swim alongside when travelling between islands

Donnchadh MacLeòid à Beastaire

Duncan MacLeod of Beasdaire

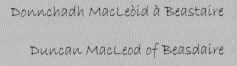

Tormod Lachlainn MacPhilip, an gobha
is croitearan eile à Borgh air a' Mhaggie
MacLean, 's dòcha sna 1930an

Norman Lachlan MacKillop, the smith,
is with other Borve crofters on the Maggie
MacLean circa 1930s

A' toirt dhachaigh na mònadh mu 1930

Bringing the peats home circa 1930

Fionnlagh MacCumhais aig a' chruaich-mhònadh,
mu 1960

Finlay MacCuish at his peat-stack circa 1960

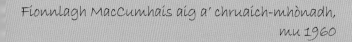

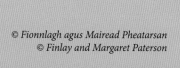

Taigh-tughaidh aig a' Chidhe –
seallaibh a' chruach-mhònadh ri taobh na bàthcha

Blackhouse at Cidhe –
note the peat-stack alongside the byre

A' tilleadh dhachaigh on Chomanachadh

Returning home after the Communion

Clann-sgoile à Beàrnaraigh air cuairt a Phabaigh
nuair a chrùnadh an Rìgh Seòras VI agus a'
Bhanrigh Ealasaid. Dòmhnall an 6mh duine bhon
taobh chlì san t-sreath-aghaidh. Fhuair na balaich air
fad càraichean beaga mar thiodhlac air an latha:
12 Cèitean 1937

Berneray school children – outing to Pabbay on the
occasion of the coronation of King George VI and Queen
Elizabeth. Donald is 6th from the left in the front row.
The boys were all given model cars to celebrate
May 12th 1937.

A' lasadh pìob

Stopping for a smoke

Eachann MacFhionghain, mu 1945 – b' esan post
an eilein, is bha e na bhàrd cliùiteach

Hector MacKinnon – he was the local postman,
and also a well-known bard circa 1945

Seonag NicIlleathain agus tè-cuideachaidh, Ciorstaidh
Anna NicIlleathain, aig Oifis Puist an eilein

Joan MacLean and her assistant Chirsty-Ann
MacLeod outside the island's post office

Cairistìona agus Fionnlagh Peatarsan
len teaghlach aig a' Gheodha Dhubh, mu 1920.
A bharrachd air bùth a bhith aige, b' e Fionnlagh
fear-clàraidh an eilein eadar 1903 agus 1952

Christina and Finlay Paterson pictured
with their family at Geodhu, circa 1920.
Finlay, as well as being a shopkeeper, was the
island's registrar between 1903 and 1952

© Fionnlagh agus Mairead Pheatarsan
© Finlay and Margaret Paterson

A' sealltainn a null gu Cùl na Beinne
tarsainn Loch a' Bhàigh

Looking towards Cùl na Beinne
across Loch a' Bhàigh

© Fionnlagh agus Mairead Pheatarsan
© Finlay and Margaret Paterson

Davaar Cottage, am Poll an Oir, an 1978

Davaar Cottage, Poll an Oir

© Linda Gowans

An sgoil an 1978

The school c1978

© Linda Gowans

Taighean-tughaidh aig a' Chidhe, an 1978

Blackhouses at Cidhe, 1978

© Linda Gowans

Loch Bhatarsaidh, an Laimrig 's an sgoil –
's iongantach mura h-e seo an aithghearrachd a
ghabhadh Dòmhnall dhan sgoil

Loch Bhatarsaidh, Laimrig and School –
this would have probably been the shortcut
Donald took to school

© Stephen Darlington

A' bhàrdachd
The poetry

Coille an Fhàsaich

Tha facail an dàin seo mar gum biodh air an cur am beul ciad bean a' bhàird, Flòraidh (no Fionnaghal) NicIlleathain nach maireann, a bhuineadh do Bhatairnis san Eilean Sgitheanach. Chuir Dòmhnall fonn ris a tha a cheart cho brèagha ris na faclan: choisinn an t-òran a' chiad duais ann am farpais chliùiteach an òrain ùir aig an Fhèis Phan-Cheilteach ann an Cill Àirne, an Èirinn, sa bhliadhna 1975. Tha daoine air a bhith measail air an òran bhon uair sin.

Gheibhear fonn an òrain seo air t.d. 220

Ri taobh Coille 'n Fhàsaich, feasgar àghmhor leam fhìn,
Bha na h-eòin air na crannaibh, 's iad ri caithream gu binn;
Gu robh sìth air an Eilean fad mo sheallaidh mun cuairt,
'S bha mo smuaint air mo chàirdean a bha tàmh leam ann uair.

O, nach prìseil leam Hàllain, sìos gu bàgh na h-Àird Mhòir –
Air a thràigh bha sinn daonnan, cheart cho aotrom ri eòin;
Ach a-nis chan eil mànran, fealla-dhà ann no spòrs,
'S far 'n do chluich sinn air leacan, an-diugh caidlidh na ròin.

Sìos a deas air an Àirde, chì mi sgàile de sgleò
Mar brèid geal air a sgaoileadh air Bùird aosta MhicLeòid:
'S e na neòil bhith gun ghruaimean a dh'fhàg suain air gach àit'
'S chì mi failneas nam bruachan an ceann shuas Loch a' Bhàigh.

Ged tha 'n cuan fada farsaing null gu Innse nan Gall,
Chì mi Uibhist 's na Hearadh measg nan eileanan thall;
Ach ged shealladh neach dealbh dhomh de thìr ainmeil an t-saogh'il,
Cha bhi sgìr' leam cho àlainn ri Dùn Hàllain mo ghaoil.

Chì mi cuimhneachan sgrìobhte air an linn nach eil beò
Anns gach tobht' agus gàrradh, gach càrn agus crò,
Anns gach àirigh th' air monadh agus cairidh th' air tràigh,
Nach gabh leughadh le coigreach, mun a' chuideachd a dh'fhàg.

Chan eil feum dhomh bhith 'g ionndrainn luchd mo rùin anns an uair:
Mar a bha iad, tha sinne, tacan goirid air chuairt;
Ach nach sona mar bha iad rè an làithean gun ghò
Air bheag chùram no èislean, ann an Eilean a' Cheò.

Fàsach Wood

All alone beside Fàsach Wood on a glorious evening,
The birds in the treetops calling joyfully, sweetly;
Peace filling the Island as far as my eye can see,
And my thoughts full of the loved ones who lived here once.

How beloved is Hallain down to the bay of Ardmore:
We spent all our time down on its shore, as happy as birds;
But gone now the joyful sounds of sporting and play,
And where we sat on the rocks the seal sleeps today.

Out west, on the headland, I see a mantle of mist
Like a white cloth spread out over MacLeod's ancient Tables;
Gentle clouds, not glowering, leave the island to drowse,
And the braes are reflected far across Lochbay.

Though the ocean stretches wide to the distant Hebrides,
Uist and Harris are clearly visible amid the faraway isles;
But though I were to be shown the most famous landscape in the world,
Nowhere would seem as beautiful to me as my beloved Dun Hallain.

I can see a memorial inscribed for generations past
In every ruin and garden, every cairn and fold,
In every hillside sheiling, every weir on the shore:
Testaments, illegible to the stranger, to a people long-gone.

In vain do I long for my loved ones nowadays:
They were – as are we all – on life's short journey;
But how happy to be, all their innocent days,
Little acquainted with grief or sorrow, here in the Island of Mist.

This poem is written from the point of view of the poet's first wife, Flora MacLean, who belonged to Waternish in the Isle of Skye. Donald composed a tune for it which is as beautiful as the words: it won first prize in the prestigious new song competition at the Pan-Celtic Festival in Killarney, Ireland, 1975. The song has proved popular ever since.

The melody of this song is on p. 220.

Gràdh dùthcha

Fhuair mi litir o bhean òg
A bha còmhnaidh nam thìr,
'S ged a chleith i orm a h-ainm,
Chuir i calg na mo chrìdh'.

Sgrìobh i sìos am briathran sèimh
Gun do thrèig mi nam dhàn
An t-eilean còmhnard, fallain, uain'
Bha sinn uair ann a' tàmh.

'S ma rinn mi dearmad na mo dhuain
Air eilean suaimhneach, glan ar n-òig',
Chan eil tìr eile fon ghrèin
Don tug mise spèis cho mòr.

'S gach latha bheir mi cuairt air ùir,
Tha beannachd ùr a' tighinn nam shealbh,
'S chan eil cnoc no glaic no càrn
Nach cuir orm fàilt', ged tha iad balbh.

'S thuirt mo mhàthair rium, 's i aost',
"An till thu, ghaoil, 's gun mise beò,
Air ais gu eilean beag a' chaoil
Far an robh thu saor o bhròn?"

Ach fhreagair i ceist fhèin le ùidh,
'S dh'fhàs a sùilean rium blàth:
"Thilleadh tusa, bhròinein thruaigh,
Choimhead creagan cruaidh a' bhàigh."

'S ma tha mi nis air chluaineadh ann,
Chan aithreach leam a bhith san àit',
Is cò a their aig ceann a rèis
Nach i dhùthaich fhèin as fheàrr.

Air cho mòr 's gun do chòrd 'Coille an Fhàsaich' ri luchd-èisteachd is luchd-leughaidh, fhuair am bàrd aon litir ga chàineadh airson Eilean a' Cheò a mholadh agus Beàrnaraigh a dhearmad. Bha e soilleir gur e boireannach òg a sgrìobh an litir, agus gur ann à Beàrnaraigh a bha i – ach cha do dh'fhiosraich am bàrd a-riamh cò i.

Tha fonn an òrain seo air t.d. 221

Patriotism

A letter arrived from a young woman –
A resident of my native (is)land –
And though she concealed her name from me
Her dart pierced my heart.

In measured words she wrote to say
That in my poetry I had turned my back
Upon the level, lush green island
Where we both used to live.

If my songs seem to have neglected
The happy, pristine island of our youth,
(Rest assured that) there is no other island under the sun
That I could ever love so much.

And each day that I walk upon its soil
Seems like a brand-new blessing granted to me,
And there's not a single hill or dell or cairn
That does not greet me, though they have no words.

And my mother asked me, when in her old age,
"Will you return, my love, once I'm gone
To the little island of the Sound
Where once you lived so free from care?"

Then fondly she answered her own question,
Her eyes full of warmth for me:
"Of course you'd return, my poor wretch,
Even for a glimpse of the bare rocks in the bay."

And now that I've retired here,
I have no regrets at having come back home:
For who will deny, as they near the end of their days,
That their own homeland is the best place of all.

Despite the popularity of 'Coille an Fhàsaich', the poet received a letter criticising him for celebrating Skye instead of his native Berneray. It seemed likely that the letter had been written by a young woman, and that she hailed from Berneray – but Donald never discovered her identity.

The melody of this song is on p. 221.

Mo nighean bheag bhàn

Mo nighean bheag bhàn, dèan suidhe rium dlùth,
'S gu seinn mi le ùidh dhut crònan:
Tha 'n t-anmoch air tighinn 's tu fhathast nad dhùisg,
'S an cadal nad shùilean bòidheach.

Mo nighean bheag bhàn, dèan suidh' air mo ghlùin,
'S gun dèan mi, a rùin, do thàladh,
'S ged bhiodh agam millean is tuilleadh ri thaobh,
Bu shuarach e, ghaoil, nad àite.

Mo nighean bheag bhàn, nach dùin thu do shùil,
'S gu seinn mi le rùn dhut òran
Mu eòin bheag na coille is iasg beag an t-sàil
'S an eala le h-àl sna h-òban.

Mo nighean bheag bhàn, dèan cadal rim thaobh,
'S cha cheil mi mo ghaol 's mo ghràdh dhut,
'S am freastal gad ghleidheadh gu saor bho gach càs
'S thu dhùsgadh gu slàn a-màireach.

Gu 'n tuig thu, mo chagar, mas maireann thu beò,
Gur e saoghal na h-òige 's àille,
'S bidh cuimhneachan agad nach ceannaich an t-òr
Air làithean gun bhròn nad phàiste.

Gu 'n tuig thu, mo chailin, nuair dh'fhàsas tu suas
Carson thug mi luaidh cho mòr dhut,
'S ma lean mi ga aithris car fada, a ghaoil,
Nas mìlse na 'n saoghal dhòmhs' thu.

Sgrìobh am bàrd an tàladh seo do Pheigi , a nighean, an uair a bha i mu thrì bliadhna a dh'aois.

Tha fonn an òrain air t.d. 222

94

My little fair-haired girl

My little fair-haired girl, come and sit close by me,
And I'll sing you a tender lullaby:
You're still awake though night has fallen
And your lovely eyes are laden with sleep.

My little fair-haired girl, sit down on my knee,
And I'll compose a lullaby for you, my pet;
And though I had a million and more besides,
It would be as nothing to me compared with you.

My little fair-haired girl, why don't you close your eyes,
And I'll sing you a song with all my love
About the little birds of the woods and the fish in the sea
And the swan with her brood in the bays.

The poet wrote this lullaby for his daughter Peigi when she was about three years old.

The melody of the song is on p. 222.

My little fair-haired girl, go to sleep by my side,
And I won't hide from you my love and devotion:
May providence keep you safe from all ills
Till you wake safe and sound tomorrow.

You'll discover, my darling, if you're spared to live long,
That the world is most beautiful in your youth,
And you'll have memories that gold could never buy
Of the joy-filled days of your childhood.

When you grow up, my little girl, you'll understand
Just why I'm so besotted by you,
And if I've spent too much time explaining all this,
It's only because you're sweeter than the whole world to me.

B' e 'n saoghal an ceò

Bha mi cho òg 's gun do ghabh mi eagal mòr
Nuair a thuit a' cheo, 's mi cluich aig ceann a' bhàigh;
Ghrad-theich mi a thaigh Choinnich is ghlaodh mi ris gu h-àrd,
"Tha Uibhist 's e na theine, 's an t-àite tur fo cheò."

"Gu cinnteach, tha," thuirt e le teanga gheur,
"Chan eil san t-saoghal seo gu lèir ach ceò:
Gach cnoc is creag is cuan, gach loch is òb,
Airgead is òr, tha iad nan ceò gu lèir."

Sheas e rim thaobh san doras, 's chuir e phìob
Na fheusaig dhuibh, bha falach orm a bhèil,
'S nuair dh'fheòraich mi mun teine, thuirt e, "Thèid
Thu ann le cinnt mur bi do bheatha rèidh
Ris an Tì a chruthaich nèamh is grian is reult,
'S gach anam truagh tha gluasad fon an speur."

Dh'fhàs mi suas is shiubhail mi 'n Roinn-Eòrp',
'S nuair thill mi dhachaigh thuirt mo mhathair rium,
"Chaochail am bodach bochd," is shil a sùil.
Fhreagair mi, "Le cinnt, b' e 'n saoghal fhèin an ceò."

"Tha thu a' sireadh fhathast do chairt-iùil,"
Ars ise rium, "nach neònach leam mar tha,
Ach gheibh thu mach nach i a' cheò a-mhàin
Tha fo do chomhair aig a' bhàs, a rùin."

Ach feumar uile triall, mar dh'fhalbh mo nàbaidh caomh
Don tug mi gaol nuair bha mi na mo phàist',
'S mo dhùrachd dha gu bheil e 'n àite 's fheàrr,
'S gu bheil an-diugh a' cheò na trusgan Glòir geal ùr.

The world is nothing but mist

I was so young that I was terrified
When the mist fell as I was out playing at the head of the bay;
I ran as fast as I could to Kenneth's house, shouting,
"Uist's on fire and the whole place is covered in smoke."

"It is indeed," he replied with witty tongue,
"For this world is nothing but mist:
Every hill and stone, every loch and bay,
Silver and gold, they are all just mist."

He stood beside me in the doorway, and inserted his pipe
Into the black beard that hid his mouth,
And when I questioned him about the fire, he replied, "Go there
You will, for certain, if your life runs contrary
To the One who created heaven and sun and stars
And every poor soul that walks beneath the sky."

I grew up and travelled across Europe,
And on my return home my mother told me,
"The poor old man has died." Her tears flowed freely.
And I replied, "Assuredly, the world really is only mist."

"You are still searching for your own sea-chart,"
She replied, "though I find it strange –
But you'll discover that much more than mist
Awaits you when you die, my love."

Yet die we all must, as my beloved neighbour died –
The man I loved when I was a little child –
And so I pray that he's in a better place,
And that the mist that surrounds him today is a fresh white cloud of Glory.

The bard has already described Kenneth in 'Looking back' (above). Though he could neither read nor write, and though he had very little English, Kenneth was a wise man. He always said, whenever he got news that upset him, "The world is nothing but mist."

Fiacail a' bhàird

"Rugadh le fiacail a' bhàird thu" –
B' e siud a thuirt mo mhàthair riumsa,
Ach càit an robh i na mo chàirean
Cha tug i fhèin no càch dhomh iomradh;
'S ma dhùisg an ealain seo gu ruinn mi,
Cha d' fhuair mi 'n doimhneachd a lùiginn –
Sìos gu grinneal dìomhair m' aigne:
Cha robh an gealladh mar bha dùil ris.

Cha tig cùlagan a' ghliocais
Co-dhiù gu ruig sinn fichead bliadhna,
'S ged tha cuid againn trì fichead,
Tha sinn fhathast glè mhì-chiallach,
Co-èignichte bhith dèanamh rannan
Ann am fasanan mì-rianail,
Briathran aotrom, saor, neo-bhrìgheach,
Mar bhuilgeanan o phìoban siabainn.

Tha cuid againn daonnan a' sgrìobhadh
Ged nach eil cinnt gun tèid a leughadh,
'S cuid eile nach sguir a chòmhradh
Nuair bu chòir dhaibh a bhith 'g èisteachd;
'S ged rugadh tusa leis an fhiacail,
Faodaidh do bhriathran bhith neo-dhàicheil,
Ach cùm a' feuchainn fichead bliadhna,
'S canaidh na ceudan gura bàrd thu.

The bard's tooth

"You were born with a bard's tooth" –
Or so my mother told me,
But whereabouts it grew in my gums
Neither she nor anyone else explained;
And though this artful tooth inspires me to make poems,
I've never reached the depths that I would have wished
Down into the hidden reaches of my mind:
And so my poetry never fulfils its promise.

Our wisdom teeth don't appear
Until we're at least twenty years old;
And even after some of us reach sixty,
We still persist in our folly,
Compelled to compose verses
In a confusion of different styles
And words as lightweight, chaotic and futile
As bubbles from soap-pipes.

Some of us persist in writing
With no guarantee that we'll ever be read,
While others never stop talking
When they ought to be listening;
And despite being born with the tooth,
Your words may still be absurd:
But if you persist for twenty years,
The reading public may in the end call you a poet.

Laoidh dham mhàthair

Bha gille beag shìos ann an Cràiginis
Le mhàthair a' sireadh lòin,
Iad a' ruith air creagan crotlach
Le poca 's seann spàin-mhòr;
Bha ghrian san iar gam blàthachadh,
Bha beath' air bhàrr an fheòir,
Ach ged bha an t-eilean pàrrasail,
Cha b' e Beàrnaraigh Tìr nan Òg.

'S ged rugadh e na dhilleachdan,
Cha robh dìth air no cion dòigh,
Oir bha a mhàthair dìcheallach,
Inntinneach is òg,
Ged tha cuimhn' aig' uair gun do dh'inns i dha,
'S i air a claoidh gu deòir,
Nach robh fiù 's an dìthean
Air dìochuimhn' ann an Glòir.

Oir bha gaol aic' air na flùraichean
Bha cho cùbhraidh feadh nan lòn –
'S e cho tric 's a thug i dhachaigh iad
A bha cur annas oirnn:
Gum biodh na crogain chreadha dhiubh
San uinneig 's air a' bhòrd –
Ach an-diugh gur crèadh na làmhan
A chuir gach blàth air dòigh.

'Ille òig bha 'n-dè ann an Cràiginis,
Tha 'n-diugh do chràisg glè chiar,
'S tha ghrian a bha gad bhlàthachadh
'S i bàtht' anns a' Chuan Siar;
Ach tillidh a' ghrian gu h-àirde
Gach là mar a rinn i riamh:
Chan ionann 's mac do mhàthar-sa
Nuair nì am bàs leis triall.

Mar a chunnaic sinn ann an 'Sùil air ais', chaochail athair a' bhàird beagan sheachdainean mus do rugadh esan. A dh'aindeoin gach cruadail, agus cho dèidheil 's a bha i air diadhachd, bhiodh a mhàthair an-còmhnaidh a' gabhail dhuanagan beaga aotrom fhad 's a bha i ag obair

In memory of my mother

Down in Cràiginis a wee boy
And his mother hunted for food,
Running over lichened rocks
With a bag and an old dessert-spoon;
The western sun warmed them,
The stalks of grass burgeoned with life,
But though the island might seem like paradise,
Berneray was no Tìr nan Òg.

And though he was born an orphan,
He suffered no hardship or deprivation,
For his mother was diligent,
Intelligent and young –
Though he remembers her telling him,
Moved to tears,
That even the daisy
Is important in the grand scheme of things.

As we have seen in 'Looking back', the poet's father died a few weeks before he was born. But despite all the hardships, and though she was so fond of theology, his mother used to sing light-hearted little ditties while she worked.

For his mother loved the flowers
That grew so fragrant in the meadows;
She brought them home so often,
Which always surprised us:
She had clay pots full of them
In the window and on the table,
While today those hands themselves are clay
That arranged every blossom.

Little lad, who yesterday were in Cràiginis,
Today you're hirsute and grizzled,
And the sun that once warmed you
Has sunk into the Atlantic Ocean;
Yet the sun will rise again
Every day, as it always has done,
Unlike your mother's son
Once death has finally made off with him.

Pabaigh

Dh'fhàg am bàta mi
Air tràigh choimheach,
Nam aonar le mo chianalas.

Ann an tiota bha mi air mo chuartachadh
Le gach anam beò a bha san àite,
Len cuid chon.

Bha fear mòr air an ceann
Le gunna dùbailte, is cha robh rian
Air teicheadh gu saorsa.

Thuirt esan rium, "'S e do bhinn
Seachd mìosan, a sheòid,"
Agus dh'fhalbh iad leam.

Sheas fear eile dhiubh
Le falt fithich dlùth rium.
Thuirt esan fo anail
Na facail a leanas:

"Tha do chuibhreann deiseil
Anns a' phrìosan: gèadh ròiste, le glasraich –
Nach e as fheàrr na aran is uisge?"

Thuig mi 'n uair sin nach biodh gainntir
Ann an eilean mara
Buileach cho dona.

*Ann an 1941 chuir Dòmhnall
seachad seachd mìosan sona ann
an eilean Phabaigh. Cha robh de
shluagh ann ach e fhèin is triùir
chìobairean. Bha e ceithir bliadhn'
deug a dh'aois nuair a chaidh e ann.*

Pabbay

The boat set me down
Upon a foreign shore,
Alone with my homesickness.

In seconds I was surrounded
By every living soul in the place,
And their dogs.

They were led by a large man
With a double-barrelled gun, so there was no point
In trying to make a break for freedom.

He addressed me thus: "You are sentenced to
Seven months, my lad."
And then they led me away.

Another of them stood
Close to me: a man with raven-black hair.
He whispered, under his breath,
The following words:

"Your food allowance awaits you
In the prison: roast goose with vegetables –
Now doesn't that sound better than bread and water?"

And that was when I realised that imprisonment
In a desert island might not be
All that bad.

In 1941 Donald spent seven happy months in the island of Pabbay. There were no people there except himself and three shepherds. He was fourteen years of age when he went there.

Aig Uamha Mhic an t-Srònaich

*Bha Dòmhnall Mòr Dòmhnallach
a' fuireach am Pabaigh còmhla ri
a dhithis bhràithrean: duine seòlta
air an robh am bàrd glè mheasail –
aoigheil, gnothaicheil is sònraichte
math air a' ghunna. Dh'inns e dhan
bhàrd gu robh fraoch fhathast ri
fhaicinn ann an Uamha Mhic an
t-Srònaich dìreach mar a chàirich
am murtair fhèin ann e. (Mar as
aithne dhuinn uile, b' e Mac an
t-Srònaich an duine oillteil a
b' àbhaist a bhith a' cur eagal am
beatha air clann ann an Leòdhas
agus na Hearadh, 's e na fhògarrach
olc a bhiodh a' siubhal bho àite gu
àite a' marbhadh dhaoine – ma
b' fhìor an sgeul. Ach co-dhiù leig
Dòmhnall Mòr ris gun fhiosta dha
gum biodh fraoch ùr aige fhèin ga
chur ann an-dràsta 's a-rithist!*

*'S e cù a bh' ann an 'Cruinneag', air
an robh Dòmhnall Mòr agus am
bàrd le chèile measail.*

*Gheibhear tuilleadh fiosrachaidh
mu dheidhinn ghrùdairean
Phabaigh ann an 'Sùil air ais'.*

"Am fac' thu Uamha Mhic an t-Srònaich?"
B' e siud a' cheist chuir Dòmhnall Mòr rium.
"Chan fhac', le cinnt, fiù 's aon dalladh –
Cha b' fhios leam riamh gu robh e 'm Pabaigh."

Cha robh cho còrdte riamh sa chruinne
Ri Dòmhnall Mòr 's mi fhèin is Cruinneag,
'S rinn sinn gu tuath air Loch Headal,
Far a bheil gach pìob is feadan
Am falach, le poit-dhubh na braicheadh,
A bh' aig na grùdairean am Pabaigh.

Ach nan robh Srònach beò, 's e 'm fagas,
Cha robh dà Dhòmhnall còir cho braiseil:
'S mòr a' chrith a bhiodh sna glùinean,
Ged bha gunn' againn, is cù leis.

Mu dheireadh ràinig sinn an làrach
Far an robh uamh' an duine ghràineil -
Fìor tholl fuar, gu doilleir, dùmhail,
Le smodal fraoich sgaoilt' air an ùrlar.

Dh'èigh Dòmhnall Mòr, "Mo chreach 's mo dhunaidh,
Nach e 'm fraoch a dh'fhalbh o 'n-uiridh.
Ach nì sinn suas i mar a bha i
Mus tig luchd-siubhail dhan an àite."

Nuair rinn sinn suas leabaidh a' mhurtair
Mar a bha i aig an trustar,
Sheall e orm le sùil gun nàire,
'S rinn sinn le chèile lasgan gàire.

At the Cave of Mac an t-Srònaich

Big Donald MacDonald lived in Pabbay with his two brothers. A wily man of whom the poet was very fond – hospitable, practical, and exceptionally good with a gun. He told the boy that there was still fresh heather to be seen in Mac an t-Srònaich's Cave, exactly as the murderer himself had arranged it. (As we all know, Mac an t-Srònaich was the bogeyman who used to scare the living daylights out of children in Lewis and Harris: he was thought to be a murderer, a sinister fugitive who travelled about killing people, or so it was said.) But anyway Big Donald inadvertently let slip that he himself went up and renewed the heather every now and then!

'Cruinneag' ('Maiden') was a dog of whom Big Donald and the poet were both very fond.

Information about the distillers of Pabbay is to be found in 'Looking back'.

"Have you ever seen Mac an t-Srònaich's Cave?"
That was Big Donald's question to me.
"No, I certainly haven't, not even a blink –
In fact I never even knew he'd been in Pabbay."

Never in all the world did three souls get on so well together
As Big Donald, myself and Cruinneag –
And so we went off northwards to Loch Headal
Where all the pipes and ducts
Are hidden, along with the still,
Once used by the Pabbay whisky-makers.

But had Srònach himself been alive and in the vicinity,
The two merry Donalds would not have been so bold:
Our knees would have been knocking
Despite our having a gun with us – and a dog.

At last we reached the place
Where the ghastly man's cave was –
A truly chilly hole, dark and gloomy,
With heather scattered in disarray upon the floor.

Big Donald shouted, "Alas and alack!
What a state this heather's got into since last year!
We'd better make the bed up as before
In case any travellers may come to visit the place."

After we had restored the murderer's bed
As the dirty wretch himself had left it,
Donald looked round at me unabashed,
And we both roared with laughter.

Caileag Bhail' a' Chaolais

Mo chaileag bhòidheach à Bail' a' Chaolais,
Ged as òg thu, gu bheil mo ghaol ort:
Do shùilean blàth is do nàdar coibhneil
Tighinn dlùth air m' aigne gach là is oidhche.

Fhuair thu togail bha uasal, sìmplidh
San lagan chòmhnard aig bòrd Loch Lìobhann
Far 'n cual' thu Ghàidhlig bha àlainn, brìoghmhor
Am measg do chàirdean bha tàmh sna glinn leat.

Ach bhon a ghabh mi sa Chabhlach Rìoghail,
Mar as trice gur fad' o thìr mi
Far nach faic mi an dùthaich shìtheil
Aig Earra-Ghàidheal far 'n tàmh mo nìghneag.

O Bhreac-Leathad àrd gu Creag Rainich lònach
Tha 'n t-àite greannmhor le beanntan mòra;
Ach 's e dh'fhàg cho prìseil an tìr seo dhòmhsa
Gu bheil Catrìona san sgìr' a' còmhnaidh.

'S e gille gòrach air bheagan cèille
A shireadh beòshlaint air bòrd san Nèibhi:
Gach là is oidhche bidh iad gad lèireadh
'Son not san t-seachdain thoirt dhut mar phàigheadh.

Ach nuair thig an t-sìth bidh mi sgìth den t-seòladh
'S gun till mi dhachaigh mas fallain beò mi
Far 'm faic mi ghruagach a bhuair cho mòr mi
San ùine gheàrr a bha againn còmhla.

Nuair a bha am bàrd na òige chuir e eòlas air tè òg, bhrèagha, Catrìona NicColla a bha a' fuireach ann am Bail' a' Chaolais. Ach ged a "bhuair i e cho mòr" chaidh Dòmhnall dhan Chabhlach Rìoghail, agus an dèidh a' Chogaidh phòs e nighean bhrèagha eile. Ach chaidh iomadh bliadhna seachad agus nuair a bha an dithis aca nam banntraichean, choinnich Dòmhnall agus Catrìona a-rithist, agus phòs iad an uair sin.

Ballachulish girl

My lovely girl from Ballachulish,
Though you're so young, I'm in love with you:
Your warm eyes and your kind heart
Pervade my thoughts by day and by night.

You had a decent, simple upbringing
In the smooth hollow beside Loch Leven
Hearing lovely, eloquent Gaelic
Living among your family in the glens.

But since joining the Royal Navy
I spend most of the time far from land,
No longer able to see the peaceful countryside
Of Argyll, where my sweetheart lives.

From high Brecklet to marshy Craigrannoch
It's a place of beauty and towering mountains;
But what makes it most precious to me
Is that my Cathy lives there.

Only a silly lad with little sense
Would seek his fortune on board a Naval ship:
Days and nights of torment
In return for the pound a week they pay you.

But when peace comes I'll have had enough of sailing,
And I'll return home, if I'm spared,
Once more to see the maiden who stole my heart away
In the all-too-short time we spent together.

The poet met a lovely girl called Cathy MacColl who lived in Ballachulish. But though she "stole his heart" Donald was recruited into the Royal Navy, and when the War was over things moved on and he married another girl. But after many years had gone by, when both of them were widowed, Donald and Cathy met up again - and this time they did get married.

Am falbhadair

Chaidh bràthair a' bhàird, is
gun e ach na dheugair, fhàgail
air ceann Tuathanas Ghleanna
Comhainn, agus bhiodh Dòmhnall
ga chuideachadh, is e fhèin ag obair
sna Laboratory Aluminium Works
an Ceann Loch Lìobhann. Bhiodh
mòran de dh' fhalbhadairean
an rathaid ag iarraidh fasgaidh,
is bheireadh Dòmhnall agus a
bhràthair sin dhaibh. Bhiodh iad
a' toirt nam pìoban 's nam
maidsichean bhuapa, ach cha
robh cus feum an sin, oir bha
an-còmhnaidh feadhainn a
chòrr aca am falach. Is cò a
dhèanadh rannsachadh air aodach
falbhadair?!

(Cheannaich athair Dhòmhnaill
fàinne-pòsaidh dha mhàthair on
dearbh sheòrsa marsanta-falbhainn
seo air not. Agus 's e òr a bh' ann
dha-rìribh: ochd caratan deug.
Tha am fàinne aig an nighinn aige
fhathast.)

Thàinig falbhadair an rathad,
'S coltas air bhith sean is sgìth,
'S a chuid maoin den t-saoghal mhosach
Ann am pocan air a dhruim.

Nuair thilg oiteag chruaidh Ghleann Comhainn
A bhonaid odhar dhan an dìg,
Cha robh sneachda fuar nam beannaibh
Riamh cho geal ri gruag a chinn.

'S nuair thadhail e le channa meirgeach,
Leis am biodh e sealg na tì,
Sheas sinn fad leum-deargainn uaithe
Taobh an fhuaraidh den a' ghaoith.

Ged a bha e crom is aosmhor,
Bha cheum aotrom air a' chluain,
'S nuair thuirt mi ris, "An tuig sibh Gàidhlig?"
Thàinig rudhadh blàth na ghruaidh.

Nuair fhuair e ceapairean de chàise
Is seid sa bhàthaich 'son na h-oidhch',
Ged bha 'n saoghal air a' fanaid,
Cha dèanadh e iomlaid ri Rìgh.

Dh'èirich e aig gairm a' choilich,
Cead fuireach cha robh ann no tàmh –
Feumaidh coisiche gun dachaigh
A bhith air a chasan tràth.

Ma bha na maoir ga lorg, chan fhios domh,
Ach theirinn gu robh chogais rèidh,
'S cho-dhùin sinne gu robh 'm bodach
Gu neoichiontach a' teich' air fhèin.

The tramp

When the bard's brother was only a teenager he was left in charge of Glencoe Farm, and Donald used to give him a hand when he worked in the Aluminium Works Laboratory in Kinlochleven. Lots of tramps used to come by looking for shelter, and Donald and his brother would provide it. They always used to take their pipes and matches away from the tramps, but there wasn't much point, as they always had more hidden about their persons. And who would want to search a tramp's clothing?!

(Donald's father bought his mother a wedding-ring for a pound from exactly this kind of 'travelling salesman'. And it was real gold: eighteen carat. The poet's daughter still has it.)

A tramp came by the road,
Looking old and tired,
Carrying all his sorry worldly wealth
In a bag upon his back.

When a harsh Glencoe wind
Blew his dun-coloured bonnet into the ditch,
Not even the cold snow of the mountains
Was as white as the hair upon his head.

And when he called in with the rusty can
With which he used to beg for tea,
We stood a flea-jump away from him
To the windward side.

Though he was bent and old,
His step was light upon the meadow,
And when I said to him, "D'you understand Gaelic?"
His cheek flushed red.

After he had been given some cheese sandwiches
And a bed in the byre for the night,
The world might mock him
But he wouldn't have changed places with a King.

He rose at cock-crow,
Not seeking permission to linger or stay:
A homeless wanderer
Has to be an early bird.

Whether the law was after him I can't say,
But yet I felt his conscience was clear,
And we concluded that the old man
Was innocent: running away from nobody but himself.

Dithis bhràithrean duineil

B' e teaghlach de cheàrdan staoin
a bha seo dham b' ainm Townsley
agus air an robh deagh mheas.
Thathar ag ràdh gur iadsan a
bhiodh a' gearradh nan ìnean
aig Mac Cailein Mòr. Bha iad a'
fuireach ann an teant ri taobh
sruthain, faisg air an Fhùirneis ann
an Earra-Ghàidheal. 'S e leth-aoin
a bh' anns na bràithrean, agus bha
an dithis aca nan sàr-phìobairean.
Chaidh iad dhan arm le chèile aig
toiseach an Dàrna Cogaidh, agus
chaidh an dithis aca a mharbhadh
aig El Alamein.

Thathar ag ràdh gum bi na ceàrdan
a' baisteadh an cloinne air an
ùr-bhreith ann an uisge fuar a tha
a' ruith.

Rugadh iad fo chanabhas
Air a' bhlàr ri taobh an uillt,
Far an do bhaist an càirdean iad
Aig mionaidean de dh'aois,
Is dh'fhàs iad suas cho furachail,
Cho fallain is cho beò,
Ris na bric tha cluich sa ghlumaig
Far 'n do bhogadh iad cho òg.

Bha iad pailt cho fearail
Ri gillean beaga chàich,
Ged b' ann am bùtha chanabhais
A thachair dhaibh bhith tàmh.
Bha 'phìobaireachd san fhuil aca
Is dh'ionnsaich iad i tràth,
Ach 's e ealantas nan gillean
A thug giorrad air an là.

Sìol an trèibh bha uallach,
Ged bu shuarach iad aig càch,
Is cho luath 's a thòisich cogadh,
Chaidh an togail ann gun bhàidh.
Ach nuair a chual' an nàmhaid
A' phìob àrdanach air ghleus,
Fhuair na bràithrean peilear bàis
Aig Blàr El Alamein.

Two courageous brothers

This was a family of tin-smiths by the name of Townsley, who were well-respected craftsmen. It's said that the Duke of Argyll used to visit them to get his nails cut. They lived in a tent beside a stream near Furnace, in Argyll. The brothers were twins, and both of them were outstanding pipers. They were both conscripted into the Army at the beginning of the Second World War, and both were killed at El Alamein.

It is said to be the custom for the travelling people to baptise their newly-born children in running cold water.

They were born under canvas
On the meadow beside the stream,
Where the children were baptised
When only minutes old;
And they grew up to be as intelligent,
As healthy and as lively,
As the trout sporting in the pool
In which they were immersed as infants.

They were every bit as brave
As anyone else's little boys,
Though a canvas tent
Happened to be their dwelling-place;
Piping was in their blood
And they began learning it early:
But alas, it was the lads' very artistry
That cut short their days.

Seed of a noble race,
Though the rest of the world deemed them worthless,
As soon as war commenced
They were served their papers;
And when the enemy heard
The proud skirl of their pipes,
The brothers were shot to death
At the Battle of El Alamein.

Luinneag na corbhait

"Seinn d' fhìdeag suas, mo ghille cruaidh," ghlaodh fear nam bannan òir,
"'S dèan cabhag luath, 's na fàg na shuain aon seòldair truagh air bòrd:
Tha Chabhlach Mharsanta sa chaol cur smùid dhan àird an iar
Is Pàdraig Gorm suas ris gach crann mar shamhla sinn bhith triall."

Tighinn dlùth ri dùthaich Newfoundland, bha 'n fhairge falbh na glinn,
Is b' fheudar togail às gun dàil mun d' ràinig sinn an tìr,
'S ged bha mi claoidht' le tinneas cuain, le fuachd is toirm nan tuinn,
Gu robh mo smuaintean air mo luaidh, 's an cuan eadar i 's mi.

'S mòr m' fharmad riut, a luaireag mheanbh, 's tu 's calma dhe do sheòrs',
A shiùbhlas dian ri àird' nan sian, tro fhuachd, an-uair is ceò,
'S a ruigeas dìreach cala ciùin gun feum cairt-iùil gad sheòl,
'S a chaidleas sona le do rùn gu seasgair, dlùth sa chòs.

'S ged shreap mi suas an t-àradh cruinn, 's ged sheas mi sa crois-chaoil,
'S ged sheall mi tron a' ghlainne geur, bha 'n cuan 's an speur mar aon;
Ach dh'èigh fear-treòrachaidh na luing, "Chan iongnadh leam mar tha:
Tha eilean d' àraich fada tuath, ceud mìle cuain nach tràigh."

Ach ged tha chorbhait èasgaidh, luath, a' sgoltadh stuagh le treòir,
Do dh'fhear th' air allaban sa chuan, chan eil i luath gu leòr;
Ach ma gheibh mi cas air tìr, gu seinn mi dhuibh mo duan,
'S gun cluinn gach aon gun tug mi gaol do rìbhinn chaomh mo luaidh.

Chaidh am bàrd a thogail dhan Chabhlach Rìoghail ann an 1944, nuair a bha e a' sreapadh ri ochd bliadhn' deug. A rèir choltais 's e beatha air leth cruaidh agus cunnartach a bha aig sgiobaidhean nan long beaga calma ris an canadh iad na corvettes – ag obair gun sgur airson suas ri fichead uair san latha, fad suas ri ceud latha aig muir.

Tha fonn an òrain seo air t.d. 223

The song of the corvette

"Pipe up your whistle, my hardy lad," shouted the man with the golden stripes,
"Make haste at once, and don't leave one wretched sailor aboard asleep:
The Merchant Navy's in the Sound setting the west on fire,
And the Blue Peter, hoisted upon every mast, is the signal for us to be off."

As we came close to Newfoundland the sea was riven like glens,
And we had to turn around hastily before we could reach dry land;
And though I was racked with seasickness, with cold and the waves' roar,
My thoughts were always upon my love and the ocean that divided us.

How I envy you, little stormy petrel, bravest of birds,
That flies intrepidly above the wildest storms, through cold, foul weather and fog,
Making straight for calm harbours without a map to guide you,
There to sleep happily with your loved one, in your cosy, peaceful nook.

Even when I climbed up the spiral ladder to stand upon the bridge,
And peered through the clear-view glass, sea and sky seemed to merge into one another;
But the ship's helmsman said, "I'm not surprised about that –
For your native island lies far away to the north, across a hundred miles of endless ocean."

And however nimble and fast the corvette is, however powerfully she cleaves the waves,
To a man adrift in the middle of the ocean, she's never fast enough;
But as soon as I can get one foot upon dry land to sing this song to you,
Everyone will then hear just how much I love my own gentle sweetheart.

The poet was enlisted into the Royal Navy in 1944, when he was nearly eighteen years old. Apparently the crews of the intrepid little ships known as corvettes suffered exceptionally hard and dangerous conditions – working up to twenty hours a day, for up to a hundred days at a stretch.

The melody of this song is on p. 223

Cion aide

Ged choisich i staigh gun dùrd gun ghlag,
Thionndaidh i dà fhichead ad:
Bha h-ìomhaigh grinn, 's bha sìth na gnùis,
'S bha falt dubh mìn gu leth a cùil,
Ach 's e thog 's a leag gach mala chrom
I bhith gun còmhdach air a ceann.

Nuair sgaoil an t-seirbheis, dh'fheòraich cuid,
"Cò às a thàinig an tè dhubh?"
Ach fhreagair Calman glas on chùl,
"'S e th' innte siud ach fitheach ùr,
Is cleas an t-seann fhir, nì i triall,
'S chan fhaic sibh tuilleadh gob no sgiath."

'S e 'n smuaint a bhuail mi aig an àm,
Saoil cò fhuair fios bhon an taobh thall
Nach faigh ach curracagan a-staigh,
'S an ealtainn mhaol gu lèir a-muigh?

'S gur tric a thuirt mo mhàthair rium
Gu faic am fear aig a bheil ùidh
Nithean nach eil idir ann
Ma thachras dha bhith orr' an geall.

'S ged chunnaic mise caileag òg,
'S i eireachdail sa h-uile dòigh,
Cha robh innt' ach fitheach maol
A' bristeadh riaghailtean na h-aois.

Nuair thill mi dhachaigh bha mar dà ghuth
A' dol mun cuairt nam cheann gun sgur.
Bha cainnt a' chiad ghuth ìseal, ciùin:
"Dùin do shùilean 's lub do ghlùin."
Ach dh'èigh an ath ghuth, uaibhreach, cas,
"Ceannaich ad. Ceannaich ad."

Tha an dàn seo stèidhte air an fhìrinn. Nuair a thàinig am bàrd a dh'fhuireach ann an Glaschu bhiodh e a' frithealadh Eaglais na h-Alba ann an Sràid a' Ghàirnealair ann am Partaig. Fiù 's anns na 1950an, bhathar glè dhiombach nan deigheadh boireannach dhan eaglais gun ad.

Hatless

Though she walked in without a word or a sound,
She made forty hats turn:
Her appearance was beautiful, her countenance tranquil,
And her soft dark hair hung halfway down her back.
But what raised and lowered every crooked eyebrow
Was that her head was uncovered.

After the service ended folk were asking,
"Where did that dark-haired girl spring from?"
But a grey Dove replied from up the back,
"She's nothing but a new raven,
And soon she'll fly away, just like the last one,
And we'll not see beak nor wing of her again."

But I was instantly struck by the thought:
I wonder who got word from "the other side"
That only bonneted lapwings should be allowed in
While all the bare-headed birds in the flock are left outside?

How often did my mother say to me
That anyone who wants to see
Things that aren't there will do so
If they matter enough to him.

And so, though I thought I saw a young girl,
Attractive in every way,
In fact she was nothing but a bare-headed raven
Breaking ancient rules.

When I returned home it seemed as though two voices
Were revolving endlessly around inside my head.
The first voice was low and tranquil:
"Close your eyes and kneel down."
But the second voice screeched, haughtily, angrily:
"Buy a hat. Buy a hat."

This poem is based on a true incident. When the poet came to live in Glasgow, he used to attend the Church of Scotland in Gardner Street, Partick. Even in the 1950s it was greatly frowned upon for a woman to attend church without a hat.

The Gaelic for lapwing (*curracag*) means, literally, 'little hatted one'. The lapwing got this name from the tuft of feathers at the back of its head, which resembled the headgear worn by women in olden times.

Am murtair

Bha mi nam aonar am measg nan ceudan
Fad fichead bliadhna agus an còrr:
Fhuair mi mo phàigheadh airson bhith rèiteach
An luchd mhì-ghnèitheil on chuideachd chòir;
Chaith mi mo shaoghal ann an tràigh na maorsachd,
Le cuantan daonnachd gam shlugadh beò,
'S bha mi nam phrìosanach cheart cho cinnteach
Ris an fhear a chìosnaich mi 'son a' mhòid.

Thuirt cinneach brùideil an cill na cùirt rium
Nach robh tùr ann bhith call do chinn
'S a' bruidhinn suarach ri Morair uasal
A gheibh a' bhuaidh ort le cumhachd binn;
'S ged bha chroich-bhàis air a togail dhàsan,
Bha e cho càirdeil ri neach san tìr,
Is thug e taing dhomh 'son bhith ris coibhneil,
Ged bha shaoghal oillteil air tighinn gu crìch.

'S ged 's ioma seòrs' air 'n do ghlas mi chòmhla,
Cha robh mòran diubh dh'aidich ciont',
'S ged ghlact' sa chealg iad le crògan dearga,
'S a' chùis ga dearbhadh le britheamh glic,
Bha 'n asal shlìogach cho cam 's cho dìreach,
'S ged chuirt' an fhìrinn an cèill le smior,
Le car is fiaradh an cainnt gach fianais,
Bha d' obair dìomhain dhut gu math tric.

'S a dh'aindeoin cnuasachd, riamh cha d' fhuair mi
Gu cùl nan smuaintean aig luchd an uilc,
'S mur bheil an fhìrinn air grunnd na h-inntinn,
B' e mhìorbhail chinnteach i thighinn gu buil;
Tha smuaintean dorch' anns gach ìomhaigh ghlòrmhor,
A bheag no mhòr dhiubh sa h-uile neach,
'S bhiodh clann an t-saoghail seo tur gun dòchas
Mur faighte dòigh air an gearradh às.

Mar a leughar ann an 'Sùil air ais', bha am bàrd ag obair na phoileas ann an Glaschu. Rinn Peter Manuel, am fear mì-chliùiteach air a bheil e a' bruidhinn san dàrna rann, grunn mhurtan brùideil anns a' bhaile-mhòr fhèin agus na sgìrean timcheall air anns na 1950an.

The murderer

I was alone in a crowd
For twenty years and more:
Paid to isolate
The hostile from the humane;
I spent my life caught in the ebb-tide of police work,
Swallowed alive by an ocean of humanity,
And without doubt I was as much a prisoner
As the men I kept in custody.

A brutal criminal once said to me in the court cell
That there was no sense in losing your head
And speaking out of turn to a noble Lord
Who would always trounce you with his power of sentence;
And though that man was executed upon the gallows,
He was as friendly as anyone in the land,
And thanked me for the kindness I had shown him
Despite the fact that his unspeakable life was at an end.

And although I locked away people of so many different kinds,
Very few of them were prepared to admit their guilt –
Even when they had been caught red-handed
And the case against them proven by a wise judge;
They were as crooked and straight as the cunning Ass –
And even when the truth emerged plainly
From the twists and turns in the evidence from the witness-box,
Your efforts were in vain all too often.

And however much I mulled it over, I could never
Penetrate the criminal mentality:
For if the truth is not deeply rooted in a man's mentality,
It would be a miracle if it were to prosper and grow;
Even the most glorious image has a dark side,
And so does every person – to a greater or lesser degree;
And there would be no hope whatsoever for humanity
Without some means of eradicating this.

The poet worked as a policeman in Glasgow. The man who is mentioned in the second stanza was Peter Manuel, infamous as a brutal mass murderer in the city and its environs during the 1950s.

The allusion to the cunning Ass is probably drawn from one of Aesop's Fables: the Ass met a hungry Wolf, and instead of running for his life, he limped meekly towards him, complaining of a thorn in his hoof. "You'd better pull it out before you eat me, in case it sticks in your throat," he said. Then when the Wolf bent over his hoof the Ass kicked him soundly and took to his heels. There is also a Gaelic saying *Cam is direach an lagh*: "The law is both crooked and straight".

Dìth cuimhne

Thug iad i gu talla nam maor-sìth
Do bhrìgh gu robh a cuimhne tur air falbh,
'S ged sheall sinn dhi a h-ìomhaigh ann an sgàthan,
Chan fhac' i càil ach coigreach ann an dealbh.

Chaidh a giùlain gu taigh-eiridinn sa bhaile,
Far an d' fhuair i cuideachadh is gràdh,
Is leugh an lèigh ann an sùilean gorm na caileig
Gu robh beatha chruaidh aig cuid gun fhios do chàch.

Ach a dh'aindeoin tubaist agus tachartas a bhith agam
Sa bhaile far 'n do liath mi air an t-sràid,
Carson a thug bean òg a chaill a cuimhne
Barrachd buaidh air m' inntinn na thug càch?

Amnesia

They took her to the police station
Because she had completely lost her memory,
And even when we made her look at her own reflection in the mirror,
She saw only a stranger in a picture.

She was taken to a hospital in the city,
Where she received support and care,
And the doctor read in the girl's blue eyes
That some people suffer hardships undreamt of by others.

But out of all the accidents and incidents I witnessed
In the city upon whose streets my hair grew grey,
Why did a young woman who lost her memory
Stay in my mind more than all the rest?

Post-mortem

Thuirt fear na sgeine rium
Gu robh e air a cheusadh le pian na ghoile
Fad a bheatha,
Ach na toir tarraing air an sgithinn.

Bha e air an saoghal seo fhàgail
Mun tug sinn sùil na bhroinn, is de gach goile
A chunnaic mi, beò agus marbh, chan fhaca mi na b' fhallaine
Na goile a' bhodaich bhochd.

'S e mo bharail gur ann na chridhe
Bha màthair-ghuire gach pian a bha e 'n dùil a bh' air:
Cha thoill gràdh ann an cridhe tha air a dhinneadh
Le stoc is earras.

'Gràdh'? Seadh, gu cinnteach, gràdh,
An ìoc nach gabh ceannach
Ach le gaol.

Post-mortem

The pathologist advised me
That the man had been tormented by a pain in his gullet
All his life –
But stay the knife.

He had departed this world
Before we looked inside him, and of every gullet
I ever saw, dead or alive, I never saw one more healthy
Than that poor old man's gullet.

In my opinion it was in his heart
That the seat of infection lay, that had caused all his perceived pain:
For love can't supply an organ that's clogged up
With wealth and property.

'Love'? Yes, assuredly, love –
The remedy that can't be bought
With anything else but love.

Biothbhuantachd

Cha do chùm togalaichean àrd a' bhaile
Riamh bhuam sealladh na grèine
Ga falach fhèin gu sàmhach, nàrach
Sa chuan
Air cùlaibh Hirt.

No idir sealladh na maidne glòrmhoir
A choisich mi sràid airgid eilean m' àraich
Eadar na coilleagan len trusganan geala
Gu sàilean
Agus an cuan a bha mar chriostal
Geàrrte.

'S ged tha mi 'n-diugh gu dòigheil
Am measg sluaigh làn uaill is gean
Tha mise fhathast nam ònar far a bheil
Na siantan
A' dòrtadh sìorraidheachd
Air mìle sgeir.

Air feasgar soilleir chìtheadh tu
Hirt à Beàrnaraigh ...

Sgrìobh am bàrd an dàn seo nuair
a bha e a' fuireach ann an Glaschu
agus a' dol gu clasaichean-oidhche
ann an litreachas na Beurla. 'S e
fear Èireannach a bha ga theagasg
a bha foghlamaichte sna cànanan
Ceilteach agus Clasaigeach.

Eternity

The high buildings of the city
Never concealed from me the sight of the sun
Disappearing down quietly, modestly
Into the sea
Behind St Kilda,

Nor the sight of the glorious morning
When I walked the silver paths round the island of my youth
Between the white-clothed sand-dunes
To a little bay
And the ocean that was like cut
crystal.

And though today I'm content enough
Among people who are gallus and good humoured
Still I am all alone where
The elements
Pour eternity
Over a thousand rocks.

On a clear evening you could see St Kilda from Berneray...

The poet wrote this poem during his stay in Glasgow, during which time he attended evening classes in English Literature. He was taught by an Irishman who was a scholar of Celtic and Classics.

Tilleadh a Hirt

Air taobh an fhuaraidh theann e dlùth, à dubharachd na maidne thràth,
Mar uilebheist às a' ghrinneil fhuair: gum b' uaibhreach leam a stacan àrd,
Gu h-adhairceach, dubh, carraigeach, cruaidh, ag èirigh shuas o cholainn bhrèin,
'S bha geilt air m' aigne anns an uair bhith 'm fianais ìomhaigh ghruamaich ghèir.

Ghlaodh guth nam chrè, Chan eil e fìor – 's e tamhasg chiar e nach eil ann:
Rian cha robh aig neach dem sheòrs' bhith spùinneadh beòshlàint às creag lom
Tha fa mo chomhair air a' chuan, ged b' i mo smuaintean 's mo chion-fàth
Bhon dh'fhàg mi sgòrr air sgiathan maoth 's a fhuair mi caochladh àite-tàimh.

Ach shoilleirich na speuran suas, 's nuair bhuail mo bhrògan mol na tràigh,
Gun d' thilg mi bhuam an leathar cruaidh is sheas mi mar bu dual sa bhàgh;
'S gun d' leagh mo bhliadhnaichean air falbh, is shiubhail mi air ais an tìm,
'S gu h-aotrom ruith mi air an ùir far 'n tric a dhùraig mi a bhith.

'S ged chaidh mi tuaiream leth-cheud bliadhn' nam dhìobarach san t-saoghal mhòr,
Gu gnèitheil dh'altraim mi mo phlaosg mun sgàineadh i air caochladh dòigh,
'S nach faighinn seòl air tilleadh uair nam thaisgealach, mum faighinn bàs,
Thar còrr is leth-cheud mìle cuain, gu daingneachd dhuaichnidh, dhorch' an t-sàil.

Sheall mi shuas air Conachair aost', 's drùis air aodann – 's tric a bha –
Aig anail dhrùidhteach, shaillt' an taibh, a' sèideadh air gun las no tàmh;
'S air streap dhomh suas am measg nan clach, gun d' stad mi fagas don an àit'
Far 'n do thilg iad mi le làmhan bras thar stalla cas, 's mi na mo phàist'.

'S ged chroch iad mi thar bàrr nan creag, ceudan troigh os cionn nan tonn,
Gur i mo mhàthair chaomh, le gaol, a thoinneamh am ball caol gu teann,
Is bhòidich i nach gèilleadh iall, 's bha gàirdean dian aig a' cheann shuas,
'S mi trusadh uighean breac nan eun, 's gan cur an cliabh le làmh gun truas.

Ach thug fead bho fharspach sgreadach staoin m' aisling fhaoin gu crìoch gun dàil,
Is ràinig mi mo dhachaigh fhuar (bha uaireigin a bha i blàth)
Le ceuman fann – cha b' ann le aois, ach a' smaointinn mar a bha –
Is dh'òl mi deoch à tobar m' òig', ged bha e liomach, breòth air fàs.

Sgrìobh am bàrd an dàn seo an dèidh a bhith 'g eisteachd ri fear Hirteach a' còmhradh air rèidio ris a' chraoladair chliùiteach Fred MacAmhlaidh nach maireann;

Returning to St Kilda

It reared up on me to the windward side, out of the early morning darkness –
Like a monster from the cold gravel: its high peaks arrogant,
Horned, black, rocky, hard, rising out of its rank body,
And awe suffused my heart at that moment, in its frowning, jagged presence.

A voice deep inside me cried out, 'This cannot be real. A dark imagined spectre:
How could a man like me ever have eked a living from this bare rock
That now confronts me in the sea, whatever my thoughts and reasons were
For fleeing the rock on tender wings to live in many other places.'

But the skies cleared, and when my shoes crunched over the shingle
I threw off the hard leather and stood in the bay, barefoot as nature intended,
And as the years melted away I went back in time,
To run lightly over the ground where I was often wont to be.

And though I reckon I've spent fifty years as an outcast in the big world,
I took good care of my outer shell lest it shatter in so many pieces
That I'd never find my way back, before my days were ended, on this pilgrimage
Across fifty miles of ocean and more – back to this dark, gloomy bulwark of the sea.

I looked up at ancient Conachair, its face slicked – as so often –
By the distilled, salt breath of the sea, blowing across it without respite, without cease;
And after climbing up among the rocks, I stopped close to the place
Where their brisk hands used to throw me over the steep precipice when I was a child.

And though they hung me over the precipice, hundreds of feet above the waves,
It was my own beloved mother who had lovingly, tightly woven the slender rope,
And swore the bond would never break, and that strong hands would hold me from above
As ruthlessly I collected the speckled birds' eggs and put them in my creel.

But the screeching cry of a crooked black-backed gull abruptly ended my idle dream,
And so I approached my cold home – that once upon a time was warm –
With steps weakened not by age but by memories,
And drank a draught from the well of my youth, though it was now grown rancid, putrid.

'Returning to St Kilda' was composed after listening to a St Kildan man being interviewed on radio by the well-known broadcaster, the late Fred Macaulay.

B' e m' dhùil gun d' ghlac mi na mo dhòrn spiorad na h-òige mar a b' àill
Nuair fhuair mi Bìoball paisgt' air bòrd, 's a leugh mi earrainn bheag no dhà,
Ach an àite blàiths gun d' fhuair mi leòn, is shil mo dheòir om shùil gun nàir',
'S gun duine làmh de chlann mo luaidh, is mi mar fuath an seòmar fàs.

Nuair dh'fhalbh mi sìos air ais don luing, bha mi mar neach am bruaillean àrd,
'S chaidh carraig-dhìon nam mìltean eun às m' fhianais fon a' chuan gu bràth:
Cha d' fhuair fear-foghlaim a-mach riamh le cinnt dè 's ciall do dh'ainm an àit',
Ged tha e sgrìobhte sìos o chian gu bheil e ciallachadh 'Clach-Bàis'.

I had hoped to hold in my hand once again the spirit of my bygone youth
When I found a Bible set out upon a table: I read a little verse or two,
But instead of warmth I found there only wounds, and my eyes wept shamelessly –
Bereft of all my beloved people, like a ghost revisiting an empty room.

At last I returned down to the boat like a man beset by terrible internal storms,
And the rock – now a refuge to crowds of birds – disappeared forever below the waves.
No scholar has ever established for certain what the name of the place signifies,
Though bygone generations wrote that it means 'the Rock of Death'.

An dadam

Spreagh iad gun chead
An smùirnean do-fhaicsinneach
Ach sgriosail.

Mar a dh'ith iad gun chead
Am meas a thug dhaibh an t-eòlas
Airson an dadam a cheannsachadh.

Mas e sin am facal
Airson dà bhaile
A sgrios.

Ach cha b' iad Sòdom agus Gomòra
A chaidh a lèirsgrios le daoine:

Reic iad an anam
Airson lorg fhaighinn air iuchraichean
Iutharna, iuchraichean a thuiteas latheigin
Ann an làmhan Diabhail
Gun chiall.

The Atom Bomb

Without permission they split
The particle invisible
But destructive

Just as they had eaten without permission
The fruit that gave them the knowledge
To conquer the atom

If that's the right word
For inflicting upon two cities
Total destruction

But it wasn't Sodom and Gomorrah
These human beings destroyed

They sold their souls
To find the keys
Of Hell: keys that will fall one day
Into the hands of a Devil
Devoid of reason

An litir

’Ille bhàin, ma dh’fhàg thu mise,
Fhuair mi fiosachd ort na thràth,
’S ged nach cluinn mi nochd do bhrìodal,
Cha bhi mi gad chaoidh gu bràth.

Dragh nan uile duan gach duine,
Bhuail thu ’n duilleag biorach, cam –
Dh’aithnich mi air do làmh-sgrìobhaidh
Nach robh fìrinn riamh nad gheall.

Tha ioma seòrsa gaoil san t-saoghal –
A bheil aon diubh buileach fìor?
’S an fhìrinn bha cho dian an-uiridh,
Tha i ’n-diugh na tula-bhreug.

Gur e faoinealachd na mòrchuis
Rathad mòr nach tig rim chàil,
’S mas i sin an t-sligh’ a thagh thu,
Biodh a’ choir’ ort fhèin, a ghràidh.

Fichead peann air bòrd an locha,
Itean ealadh a fhuair bàs,
Ach on chuir thu ’n dubh gu cumadh,
Bidh do thiomanadh aig càch.

Ìomhaighean air cùl gach ìomhaigh,
A’ crìochnachadh aig Triath nan Dùl,
Ach ged shiùbh’leadh cruth na ciad tè,
Tha na ceudan air a cùl.

Tha ’n leabhar sgrìobhte do gach duine
Leughas e gu tur le sgoinn,
Ach ’s e dh’fhàg mise ’n-diugh fo chùram
Riamh nach tug mi sùil na bhroinn.

The letter

Fair-haired lad, if you've left me,
I've discovered the truth about you just in time,
And if tonight I don't hear your sweet-talk
I'll not waste a single tear over you.

Just like all the rest, singing the same sad song,
You attacked the page with sharp, crooked
Handwriting, from which I could easily read
That you were no lover of truth.

Many different kinds of love exist in the world,
But is any of them completely true?
The truth that seemed so unwavering last year
Today turns out to be completely false.

Foolish pride
Is a road that holds no appeal for me,
But if that's the path you choose to take,
On your own head be it, my darling.

Twenty quills upon the edge of the loch –
The feathers of a dead swan –
But as soon as you dip one feather into the ink
What you write becomes public knowledge.

Images behind every image,
Right back to infinity:
As soon as one of them goes out of sight,
Hundreds more appear behind it.

The book is clearly written for anybody
Who reads it carefully:
My unhappiness today was caused by
My failure to look between its covers.

This poem is written as though from a woman's point of view. It is not based upon the poet's own experience.

’S ged chàirichinn do dhealbh dhan teine,
Chan fhàgadh sin do chridhe blàth,
Ach tha do litir bheag neo-thruasail
Measg a' ghuail a chaidh na smàl.

Even if I threw your picture into the fire,
It wouldn't warm your heart up,
But your ruthless little letter
Lies there blazing among the coals.

Èiteag Beinn Dòbhrain

Chuir Dòmhnall seachad greis
mhath a' fuireach ann an Inbhir
Nis, far an d' fhuair e obair
ann am banca. Aig deireadh na
seachdain bhiodh e fhèin agus
a dheagh charaid, an sgoilear
Hùisdean Baran, a' coiseachd sna
beanntan. Aon latha shreap iad
suas gu mullach Beinn Dòbhrain,
far am b' àbhaist am bàrd ainmeil
Donnchadh Bàn Mac an t-Saoir
a bhith na gheamair – agus thug
iad leotha bàrdachd Dhonnchaidh
airson a leughadh air an t-slighe.
Rinn Dòmhnall dà dhàn mun latha
– am fear seo agus an ath fhear, an
t-òran binn "Dualchas".

Chithear dealbhan an dà chuid de
Hùisdean agus de Bheinn Dòbhrain
air t.d. 48

O, m' èiteag gheal mhìn,
Laigh mo shùil air do lì
Shuas air mullach nam frìthean àrd;
Nach neònach an nì
Mar a bhrist thu mo shìth
'S tu sàmhach gun chlì fon chàrn.

A bheil ceangal gu dlùth
Eadar mis' agus thu
Nach fhaicear le sùil fon speur?
An e spiorad nan dàn
Rinn mo tharraing an-àird
Gu do leabaidh air bàrr an t-slèibh?

An neach as àirde den t-sluagh,
Thèid a ghearradh a-nuas
'S cha chuir tàlantan ruaig air an eug;
'S e dh'fhàg thusa gun chòir
Air sonas no bròn
Nach eil anam a' bheò nad ghnè.

Ged as spor thu nach fhiù,
Cha dìobair mi thu
'Son do shaltairt gun diù le càch:
Bhon as buain' thu na daoin',
Thèid do chàradh le gaol
Air an sgeilpe ri taobh a' bhàird.

Ben Doran quartz

Oh, my smooth white gem-stone,
Your brightness caught my eye
Up on the top of the high moors:
What a curious thing
That you should have disturbed my peace
Lying there motionless below the cairn.

Does some kind of bond exist
Between you and me
Unseen by any eye beneath the sun?
Was it the spirit of poetry
That drew me straight upwards
To where you lay on the summit of the mountain?

The tallest person of all
Can be cut down in his prime
And even talent cannot conquer death;
You, on the other hand, have no right
Either to happiness or to sadness
Because you are devoid of life or soul.

Though you're only quartz, without value,
I won't abandon you
To be thoughtlessly trampled underfoot by others:
Since you are more durable than any human being,
You shall be lovingly placed
On the shelf beside the bard.

Donald spent a considerable time living in Inverness, where he was employed in a bank. At weekends he and his good friend, the Gaelic scholar Hugh Barron, often went hill-walking. One day they climbed to the summit of Ben Doran, where the famous poet Duncan Bàn MacIntyre used to work as a gamekeeper – and they took with them some of Fair-haired Duncan's poetry to read during their ascent. Donald composed two poems about the day – this one and the next, the sweet song "Heredity".

There are pictures both of Hugh Barron and of Ben Doran on p. 48.

Dualchas

Bha 'n Lùnastal nar fàbhar
Nuair a dh'fhàg sinn às ar dèidh
Gach gleann is srath is ùr-choill
Th' ann an dùthaich Earra-Ghàidh'l;
'S a' streap ri aghaidh Dòbhrain
Gura math a' bhròg a' chàil,
'S na cùirn a bh' air a mullach
Toirt cuireadh dhuinn an-àird.

A Bheinn, bu charragh-cuimhn' thu
Seach ealain ghrinn luchd-ceàird,
'S gun d' dhìrich sinn do bhruthaich
Airson urram don a' bhàrd
A dh'fhàg do chliù neo-bhàsmhor
Ann an dànachd dhuineil gheur:
B 'e sin an tiodhlac uasal
Don t-sluagh tha 'n-diugh na dhèidh.

Nuair ràinig sinn am binnean,
Gun do sheas sinn air a' chàrn
A' coimhead Alba bhòidhich
'S a' meòrachadh mar bha,
'S mar bhitheas smuaintean dìomhair
Ann an ciall gach neach a' fàs:
Bha aithreachas nam chliabh-sa
Gun do thriall an sealgair bàn.

O thìr mo luaidh 's mo chinnidh,
Ged as biorach d' aodann ciar,
Tha sàmhchair air do lochan
Agus sonas air gach sliabh;
'S bidh d' ìomhaigh chnuaiceach chreagach
Gu seasmhach ann an tìm
Nuair ghiùlaineas iad sinne
Gun tilleadh tro do ghlinn.

Òran eile mun dearbh latha seo a chuir am bàrd seachad air Beinn Dòbhrain. Chuireadh 'Dualchas' a-steach às leth Alba ann am farpais an òrain ùir aig an Fhèis Phan-Cheilteach an Cill Àirne ann an 1978.

Gheibhear fonn an òrain seo air t.d. 224

Heredity

August was in our favour
When we left far below
All the glens and straths and fresh green woods
In which Argyll abounds
To ascend the face of Ben Doran,
For optimism is the stoutest footwear,
And the cairns around its summit
Were beckoning us onwards from above.

O mountain, you are a monument
More potent than the sculptor's art,
And our ascent of your slopes
Was a homage to the poet
Who immortalised you
In such keenly observed, heroic verse –
What a noble legacy that has proven to be
For all who have come after him.

When we reached the summit
We stood upon that great memorial stone
Gazing down upon lovely Scotland
And contemplating how there are,
And ever will be, subconscious thoughts
Embedded in every mind:
My own heart was full of regret
That the fair-haired huntsman was no longer there.

O land of my love, land of my people,
Though your dark countenance is craggy,
Your lochs are full of peace
And your slopes are full of joy;
And your rounded, rocky contours
Will last eternally
Long after we are carried off
Through your glens, never to return.

A song about the day spent
by the poet on Ben Doran (see
previous poem). It was selected
to represent Scotland in the new
song competition at the Pan-Celtic
Festival in Killarney, 1978.

The melody is to be found on p. 224

'S e m' iarrtas is mo roghainn
A bhith siubhal nam beann mòr,
'S fhuair mi tlachd is tàbhachd
Na mo chànan is na ceòl;
'S ged gheibhinn aois is cothrom
Chan aithreach leam a ràdh
Gun tug mi gaol om òige
Do dh'òrain Dhonnchaidh Bhàin.

It's my fondest wish
To traverse the same great mountains,
And I get such pleasure and benefit
From my language and its music;
And however old I grow and whatever my fate may be,
I'll always be happy to admit
That I fell in love from my earliest days
With the songs of Fair-haired Duncan.

Druim Liathghart

Os cionn bruaichean craobhach Loch Toilbhe,
Am meadhan a' mhonaidh 's nan gleann,
Tha tobhtaichean aosta Dhruim Liathghart,
'S an aimsir a' bagairt am bonn.

Chan eil Druim Liaghart an-diugh mar a bha e:
Tha dachaigh a' bhàird 's i gun cheann,
'S tha Clanna na Gàidhlig tur coma
Nach eil innt' ach na ballachan lom.

Thig Eòrpaich gu Dùthaich nan Gàidheal
A sheinneas dhomh dàin Màiri Mhòir
Agus duanagan eile nam chànain –
Cùis-nàire don ghinealach òg.

'S gur tric their iad rium gur i Ghàidhlig
Fìor chànan aosta na h-Eòrp'
'S gun èisteadh iad rithe gu sìorraidh,
A bàrdachd, a briathran 's a ceòl.

Ach, a Dhonnchaidh, ged mharbh thu an eilid
A mhol thu le beairteis do ruinn,
Cha do dh'ìobair thu beatha do chànain,
Cha do dh'fhàg thu 's a fuil air do chloinn.

Druim Liathghart

Above the wooded braes of Loch Tulla,
Between the mountain and the glens,
Lie the ancient ruins of Druim Liathghart,
Their foundations battered by weather.

Druim Liaghairt is very different from how it used to be:
The bard's home has lost its roof
And the Gaels seem unconcerned
That nothing remains now except bare walls.

Nowadays Continental visitors visit the Highlands
And sing me the songs of Mary MacPherson
And other ones in my own language,
Putting the young Highland generation to shame.

Druim Liathghart is in Argyll:
this was Duncan Bàn MacIntyre's
birthplace.

And they never stop telling me how Gaelic
Is a truly ancient European language
And that they could listen to it forever –
Its poetry, its words, its music.

Duncan, though you may have killed the very hind
That you praised in your resonant poetry,
Yet you never sacrificed the life of your language:
You never left its blood upon your children.

Is mise òran na beatha

Thuirt Crìosdaidh rium:
Tha na facail seo sgrìobhte
Air Altair Naomh Eòin
Ann an sgìr' Arpa-Phìlich –
Ainm do-thuigsinneach dhòmhs'.

Ged tha am fonn is gach facal
An-diugh gu tur air an call,
Their cuid a tha dìleas,
'S e ceòl prìseil a th' ann.

Tha eaglais Naomh Eòin
Na ceudan bliadhna de dh'aois,
Ach tha fàilt' aig gach duine
Nì a tadhal le gaol

Is a leughas na facail
Le urram is mùirn,
Ach 's e glè bheag a chluinneas
An ceòl iriosal ciùin.

A bhean chaomh, tha an saoghal
A' tighinn eadar mi 's tu,
Ach seinn an ceòl dhomh nad chridhe
Ged nach coinnich thu rium.

Ach mas seunail an ceòl
Ann an òran làn gràidh,
'S e Aran na Beatha
A mhaireas gu bràth.

B' fhada bho bha Ruairidh MacAonghais agus Dòmhnall Coghill nan caraidean, agus bha iad glè dhèidheil air a bhith tadhal air seann eaglaisean nuair nach robh seirbheis a' dol. Dheigheadh iad a-steach is bhiodh iad a' meòrachadh ùine mhòr. Mar a tha mòran de dheagh charaidean a' bhàird, tha iad a-nis air falbh.

Tha Eaglais Easbaigeach an Naoimh Eòin an Soisgeulaiche ann an Arpa-Phìlich – ann an taobh an iar Sgìre a' Chnuic Bhàin san Eilean Dubh.

I am the song of life

Roddy MacInnes and Donald Coghill were old friends who were very fond of visiting ancient churches during times when no service was taking place. They used to go inside and spend a long time meditating. Like so many of of the bard's good friends, they've now passed away.

The Episcopal Church of St John the Evangelist is at Arpafeelie in the far west of the parish of Knockbain in the Black Isle.

A Christian once told me
That these words are inscribed
On the Altar of St John
In the Parish of Arpafeelie –
A name that means nothing to me.

Although melody and words
Are both lost nowadays,
The faithful insist
This is precious music.

The Church of St John
Is hundreds of years old,
But a welcome awaits all men
Who visit it with love

And read the words
With respect and joy –
Though very few of them hear
The low, quiet music.

Beloved woman, the world
Has divided you and me
But sing for me the words in your heart
Even though we never meet.

And if music lends enchantment
To a song that is full of love,
The Bread of Life
Will last forever.

An gràmadaiche

Gu sgrìobhainn sios nam b' urrainn domh,
Mar an t-Urramach MacLeòid,
Litir laghach Ghàidhlig
Gu mo nàbaidh, Coinneach còir,
'S gun innsinn-sa na càsan
A dh'fhàg mi 'n-diugh gun treòir
Bhon fhuair mi leabhar gràmair
Nuair bha mi air tìr-mòr.

Leugh mi ann bhith mionaideach,
Prepositions lean gu dlùth,
'S iad uabhasach *imperative* –
Ron an *dative case* co-dhiù:
'S e sin na facail shìmplidh
Mar tha 'aig' is 'ris' is 'leis'
Ach feumaidh tu na *genitives*
Ag èirigh air a' Cheist.

'S na *svarabhakti vowels* ud,
Gun do dh'fhaillich orm an lorg:
Tha iad, ged nach faic sibh iad,
Ann am iclan mar tha 'borb';
'S ann an-dè a leugh mi
Gu bheil tè an 'gorm' co-dhiù –
'S e mo bheachd 's mo thuaiream
Gu bheil fuaim aice mar brùchd.

Chaidh mi chun an dotair
Le *subjunctive mood* nam cheann,
Is thuirt e rium, *accusative*,
"Do choire fhèin a th' ann:
Fan air falbh bho ghràmar
Agus tòisich air a' ghruth,
Is fàg *proclitic particles* –
Chan eil nas miosa dhut."

Bha an sgoilear an Dr Urr. Ruairidh MacLeòid na mhinistear ann am Beàrnaraigh. Tha e a-nis anns an Fhùirneis ann an Earra-Ghàidheal. Nuair a bha e ann am Beàrnaraigh bha e na neach-deasachaidh air a' phàipear-naidheachd Crùisgean, far an do nochd feadhainn dhe na dàin sa cho-chruinneachadh seo airson a' chiad uair.

The grammarian

The Rev. Dr Roddy MacLeod
is a popular minister and
Gaelic scholar. He was formerly
minister in Berneray, and is now
in Furnace in Argyll. While in
Berneray he edited *Crùisgean*,
a Gaelic newspaper, in which
several of the poems collected
here were first published.

I'd write, if I were able,
Like the Reverend MacLeod,
An elegant Gaelic letter
To my neighbour, dear Kenneth,
To tell him about the catastrophe
That has left me feeling quite faint today
Since buying a grammar book
When I was over on the mainland.

I read how I must scrupulously
Follow prepositions,
For they're awfully imperative –
At least before the dative case:
They're those simple little words
Like 'at' and 'to' and 'with' –
And you also need to make sure your genitives
Are used correctly.

And what about those svarabhakti vowels –
I've searched for them in vain:
It seems that they
Lurk unseen in words like borb;
And yesterday I read
That there's one in gorm *as well –*
Though, to be perfectly honest,
It sounds more like a burp to me.

I went off to the doctor
Complaining of a subjunctive mood in the head,
And he said to me, accusatively,
"It's entirely your own fault:
Stay off the grammar,
Take up crowdie instead,
And avoid proclitic particles –
There's nothing worse for the health."

Ach *apodosis* 's *vocatives*
Chan aithne dhomh 's chan fhios,
'S ma mhìnicheas sibh *protasis*,
Tha sibh nas fheàrr na mis';
Tha sgoilearan is oileanaich
A' gràmadachd gun stad,
Ach bheir mi fhèin mo ghealladh dhuibh
Nach eil e ac' air fad.

Ach 's e na *genders* annasach –
Nach iad bha 'n Taigh Iain Ghròt,
Masculine is *feminine*
Air rudan nach eil beò:
Tha boireannach na fireannach
Sna fhaclairean gun chòir:
Saoil nach d' rinn iad mearachd
Nuair a chuir iad iad an clò?

But apodosis and vocatives
Will always be lost on me,
And if you can explain protasis,
You're a better man than I am;
There are scholars and students
That spend their entire time grammaticising,
But I'm willing to bet
They still don't know it all.

The queerest thing of all is gender –
I'd banish it to John O' Groats!
Masculine and feminine
For inanimate objects,
And according to the benighted dictionary
A woman is masculine.
Could it be that they made an error
When the first edition came out?!

Trì ealachan bàna

Dh'aithris caraid dhòmhsa sgeul, 's cha bhreugnaich mis' i dha,
Gu robh sgall gheal a' fàs air cloich mar chuimhneachan air bàrd:
Aig Loch an Iasgaich fada siar tha charraig cian na tàmh
San t-sàmhchair bhuan tha tur mun cuairt tìr shuaimhneach fear nan dàn.

'S, a Dhòmhnaill Ruaidh, dè bha nad ùidh nuair dhealbh thu air creag fhuar
Dà eala bhàn a' snàmh air loch cho fad' o shùil an t-sluaigh?
An robh do smuain air Mairead òg, 's air an òigear bha ri taobh,
Nach do smaointich riamh cho luath 's a dh'fhuaraicheas an gaol?

Ach ràinig cogadh agus bròn tìr bhòidheach Innse Gall,
Le bristeadh geallaidh agus dùil aig ùghdarras luchd-foill,
'S gach cealgaire a mhurt an t-sìth na dhachaigh ghrinn gun phian,
'S fuil neoichiontach nam fiùran òg ga dòrtadh 'son an dìon.

Nuair dhùisg am bàrd 's e sìnte leònt' ann am meadhan còmhrag chàich,
Na dhòrainn, eadar beatha 's uaigh, neo-thruacanta bha chàs;
'S e bhith faicinn òigridh mhodhail stuam' gan cur gun truas nan smàl
A dh'abaicheas mac-meanmhainn maoth, gun laomadh air a' fàs.

Ach ma fhuair e pilleadh slàn, bha beàrnaichean na thìr,
'S ged bha ealantas na làmh, cha chàireadh iad ach tìm;
Tha an-diugh na h-eòin a dhealbh a mheòir 's an tuthag gheal air chall,
Mar a tha bàrd na h-Eala Bhàin – gu bràth cha till e nall.

Bha am bàrd ainmeil Dòmhnall Ruadh Chorùna (Dòmhnall MacDhòmhnaill, 1887–1967, à Uibhist a Tuath) san Arm aig àm a' Chiad Chogaidh, agus chaidh a leòn aig Blàr a' Somme. 'S e an dàn a bu chliùitiche a rinn e 'An Eala Bhàn', far a bheil Dòmhnall Ruadh a' bruidhinn, mar gum bitheadh, ri leannan, Magaidh: esan air uilinn anns na truinnseachan fuara, ise fada air falbh ann an Uibhist na "leabaidh chùbhraidh, bhlàth".

Three white swans

A friend told me a tale whose truth I have no reason to doubt,
That a white patch is visible upon a stone – a reminder of a bard:
Far away to the west, on Loch an Iasgaich, this distant rock lies
In the eternal silence that surrounds the song-writer's tranquil land.

And so, red-haired Donald, what was in your mind's eye as you drew upon cold stone
A picture of two white swans swimming on a loch far removed from the eyes of the world?
Did you imagine young Margaret and the young man by her side,
Never wasting a moment's thought on how quickly love grows cold?

But war and sorrow invaded the lovely Hebridean land,
Bringing only broken pledges and dashed hopes from the men in charge,
And all the traitors who slew the peace in their beautiful, trouble-free home,
And set the innocent blood of young men spilling in their defence.

When the poet awoke, lying wounded in the middle of someone else's war,
In anguish, somewhere between life and the grave – distress so merciless –
It was the sight of mannerly, moderate young men being extinguished ruthlessly
That ripened the tender, yet to bloom imagination.

But though he returned home alive, he found his homeland riddled with loss
That only time could heal, no matter how skilful the poet's hand;
And, today, gone are the swans that his fingers painted, as is the white stone,
And the poet himself who wrote 'An Eala Bhàn' and will return no more.

The celebrated North Uist bard Donald MacDonald (better known as Dòmhnall Ruadh Chorùna – Red-haired Donald MacDonald of Coruna, 1887-1967) was in the Army at the time of the First World War, and was wounded at the Battle of the Somme. MacDonald's most celebrated song was 'The White Swan', in which Dòmhnall Ruadh addresses his sweetheart, Maggie: he lying on his elbow in the cold trenches, she lying far away in Uist in her "warm, fragrant bed".

Aigilein: [S]modal

Chunnaic mi bean òg phrìseil
Le pioraraig mar am beàrnan-brìde
A' falach a cuailein mìn, dubh-dhonn.

Bha aigilein ghrinn aice na cluasan
Air dhreach an òir, ged bha iad fuadain,

'S na neamhnaidean mu muineal ciatach,
Cha d' fhuaradh ann an eisirean riamh iad.

Chuir i dathan air a h-aodann,
A bha cho bòidheach às an aonais.

Cheannaich iad trealaich dhaor gun stàth dhi
'Son i fhèin a dhèanamh grànda,

Oir bha i gu fìrinneach brèagha
Nuair a chuir i dhith na breugan.

Bha ciad bhean-phòsta a' bhàird na modail ann an Copeland and Lyle, bùth-aodaich spaideil an Glaschu.

Accessories to the truth

I saw a precious young woman
With a wig like a dandelion
Concealing her soft, dark-brown hair.

She had pretty baubles in her ears
The colour of gold, though it wasn't real,

And the pearls around her comely neck
Were never found inside an oyster.

They had put colours on her face
That was so beautiful without them.

They had bought her expensive, worthless junk
To make her look ugly –

The poet's first wife was a model in Copeland and Lyle – a smart clothes shop in Glasgow.

For she truly was beautiful
When she peeled off all the lies.

M' eudail ghrinn

Gu bheil mo shaoghal falamh on là dhealaich sinn ro thràth,
'S a h-uile smuain a' dùsgadh suas mo bhròin,
'S ged their an sluagh gun d' fhuair thu Fear nas fheàrr,
Gur tric mo shùil gun eud fo dhriùchd,
Is m' ionndrainn ort cho mòr.

Cha bhi do bhriathran neoichiontach gan aithris na mo dhàn,
Cha b' e mo mhiann gun innsinn iad don t-sluagh,
Oir bha thu riamh nad nàdar geanail, blàth,
Gu modhail, còir ri sean is òg,
'S an còrr cha dèan mi luaidh.

'S, a rùin, nuair thug mi fàinne dhut a chàirich mi mud mheòir,
An samhla faoin th' aig clann nan daoin' o chèin,
Bu bheag mo smuaint am fuath bha orms' an tòir,
'S gu robh fear ùr gad leantainn dlùth
'S a shùilean ort gu geur.

Tha fonn an òrain seo air t.d. 225

Ged dh'fhàg mi na do shìneadh thu sa bhruaich ri taobh a' chuain,
Cha chluinn thu toirm nan stuagh, ged 's buan an ceòl,
No seirm nan eun cho tiamhaidh os do chionn -
Tha saoghal ùr aig bean mo rùin
Nach fhaca sùil tha beò.

Ach, m' eudail ghrinn, ma dh'fhàg thu mi, b' e 'n càs gum b' fheudar falbh,
'S mi 'n seo fo chuing gad chaoidh gach oidhche 's là,
'S ged tha mi 'n-diugh leam fhèin, am freastal dealbh,
Gun tuig gach aon nach caochail gaol
Ged chaochail bean a' bhàird.

My lovely darling

My world is empty since the day we parted – far too soon –
And every thought of you re-awakens my sorrow;
And though folk may tell me you have gone to be with a better One,
Unbidden tears often fill my eyes,
For I miss you so much.

The guileless things you used to say I won't reveal in a poem,
I'd never want to divulge them to the world:
For you were always graceful and warm by nature,
Respectful and kind to old and young –
And more than that I cannot say.

And when, my darling, I put upon your finger a golden ring,
The fragile symbol used by humankind since time immemorial,
I little thought that I was being hunted by this fearsome thing –
That someone else was stalking you,
Watching you with his sharp eyes.

The tune of this song is on p. 225

Although I left you lying on the brae beside the ocean,
You can't hear the waves' roar, though eternal their music,
Nor the plaintive song of birds above your head –
For my beloved wife lives in a new world now
That no-one has ever seen.

But you've left me, my lovely treasure – for tragically you had to go,
While I was kept here, a prisoner, mourning you by night and day;
And though I'm all alone now, with only your picture to console me,
Everyone will understand that love doesn't die
Even though the poet's wife is dead.

Ròsan

Shuidh i rim thaobh aig cùl ar dachaigh,
A' ghrian 's i gun neul a' siaradh a-null,
Ach bha neul na ar smuain toirt bhuainn a beannachd,
'S gun sunnd gun do shuidh sinn greiseag bheag dlùth.

'S gach flùr bha mun cuairt gu snuadhmhor, fallain,
Chuir agus dh'àraich a làmhan le mùirn:
O, nach truagh i bhith falbh 's gam fàgail uile –
Mo ròs geal lurach, nach fuirich thu leam.

Sheall mi le truas air a tuar 's a coltas,
Is mhothaich i 'n cràdh a bha na mo shùil,
Ach 's e thuirt i rium, "Tha na ròsan maiseach
A' call an lainnir ann an dubhar a' chùil.

"'S nuair sheargas am blàth, tog an-àird iad uile
'S cuir iad an àit' far am faic iad a' ghrian,
'S chì thu san t-samhradh greann am maise –
A ghaoil, chan fhaic mis' iad, 's mi 'n impis bhith triall."

Chaidh an cumha tiamhaidh,
pearsanta seo a dhèanamh mu 1987.
Chaochail bean a' bhàird le tinneas
nuair nach robh i ach na meadhan-
aois.

Tha am fonn air t.d. 226

Roses

She sat by my side behind our house;
The sun moved slowly across a cloudless sky,
But the cloud in our minds stole all our blessings
As we sat there for a while, close to one another.

And the flowers that surrounded us were all brightly-coloured and healthy –
The flowers that her own hands had so willingly planted and tended.
But, oh, what a tragedy that she must go and leave them –
My lovely white rose, won't you stay with me, please.

I looked with aching heart at her changed appearance,
And she noticed the pain in my eyes,
But all she said was "These lovely roses
Are losing all their beauty round here in the dark back garden.

"So as soon as their blossoms fade, be sure you lift them all
And re-plant them round where they can glimpse the sun;
Then next summer you can look at them in all their glory –
But, my love, I'll not see them, for I'll soon have to go."

This poignant and highly personal lament was written about 1987. The poet's wife became ill and died when she was still in her middle years.

The melody is on p. 226

An Dòmhnallach Hearach

A Dhòmhnallaich Hearaich,
Chaidh thu thairis le sunnd:
Chuir thu cùl ris an àit'
A rinn d' àrach le mùirn;
Chuir thu cùl ris na Hearadh,
Eilean corrach nam beann,
Is rinn thu do dhachaigh
Ann an Canada thall.

Cha do dh'fhalbh thu gun urram –
Fhuair thu cuireadh a-null,
On dhearbh thu bhith calm'
Ann an seirbheis a' Chrùin;
Bha fèill air do sheòrsa
Sna mòr-thìrean thall,
'S bha Dòmhnall, am balach,
Glè fhreagarrach ann.

Bha thu dìleas dod chànain
Ged a dh'fhàg thu glè òg,
Agus theagaisg thu chàch i
Le gràdh agus pròis:
Mar thoradh air d' obair
Tha ginealach òg
A sheinneas le moit i
Ann am Montreàl.

Tillidh an eunlaith
Mar chleachd iad o chian
Is togaidh iad àl
Anns na h-Eileanan Siar,
Ach òigridh na Gàidhlig
Nì 'n imrich thar chuain,
Cha till iad don dachaigh
Ach ainmig air chuairt.

Sgrìobhte mu Dhòmhnall Dòmhnallach (bràthair an sgrìobhadair ainmeil Fionnlagh Iain Dòmhnallach), fear àrd bàn a bha na phoileasman ann an Glaschu. Bha e fhèin agus am bàrd a' fuireach san aon taigh-loidsidh.

The Harris MacDonald

Oh, MacDonald from Harris,
You emigrated willingly:
You said goodbye to the place
Where you enjoyed a happy upbringing:
You turned your back upon Harris,
Steep island of mountains,
And made your home
Away over in Canada.

You didn't go ignominiously –
You were invited over there,
Having proved yourself valiant
In the service of the Crown:
People like you were welcomed with open arms
In the continents overseas,
And Donald, able man,
Was very suited to the life there.

You were loyal to your language
Though you left here when very young,
And you taught it to others
With love and respect:
As a result of your work
There's a whole new generation of young people
Who sing it proudly
In Montreal.

The birds of the air return
As they have always done
To raise their brood
In the Hebrides,
But the young Gaelic-speakers
Who emigrate across the sea,
They never return to their homeland
Except for occasional visits.

Composed for Donald MacDonald, brother of the celebrated writer Finlay J Macdonald – a tall, fair man who was a policeman in Glasgow and shared digs with the poet.

Ann an duibhreis na h-oidhche,
Nuair bhios aignidhean fann,
Chì thu rionnag a' deàrrsadh
Bhios gad thàladh a-nall;
'S e ar dùrachd thu thilleadh
Fhad 's bhios spionnadh nad cheum,
Ged bhiodh Ròineabhal bhòidheach
Na ceò anns an speur.

A bheil cuimhn' agad idir
Nuair bha thu le còir
A' siubhal Cnoc Màiri,
'S glas-làmh na do phòc?
Measg sluaigh a bha càirdeil,
'S bha Gàidhlig gun ghaoid
Aig gu leòr den a' chuideachd
A thug dhi urram is gaol.

A reference to plans to site a superquarry on Ben Roineabhal and, it is implied, despoil the mountain.

In the gloom of the night,
When spirits are faint,
You'll see a star shining
Enticing you back over;
We pray that you'll return
As long as there's a spring in your step,
Even though lovely Ben Ròineabhal
May be mist-capped in the sky.

Do you remember
When you were employed
To walk around Maryhill
With handcuffs in your pocket
Among friendly people?
Flawless Gaelic
Was spoken by many of them
And they loved and respected it always.

Deòir an Ionaich-shlignich

Nan robh thu air tadhal
Tron t-seachdain mar b' àbhaist
Mun do dh'fhalbh iad don bhaile
Le mo dhaimh ghrìsfhionn, àlainn,
Chitheadh tu sealladh,
Iad a' ruideas sna pàircean –
Bha deòir na mo shùilean
Le tùrs' an là dh'fhàg iad.

Dh'fhalbh iad cho neoichiontach
Sìos don taigh-mharbhaidh;
Bha mise trom-chridheach
Gam faicinn a' falbh ann –
Reic mi ri feòladair
Seòlta gun bhàidh iad,
'S cuiridh iad sprogan
Air poball neo-ghràsmhor.

Gu crìochan na h-Eòrpa
'S air na mòr-thonnan àrda
Bidh iad gan ithe
'S a' criomadh an cnàmhan –
O, nach suarach leam agam
Na chaidh thoirt nan àite,
Deich mìle not
Na mo mhogan a-màireach.

Mun tàinig am BSE bha tuathanaich bheairteach timcheall air Inbhir Nis.

160

Crocodile tears

If you had visited
During the week, as usual,
Before they went off to the town
With my lovely brindled bullocks,
You'd have seen such a sight:
Them gambolling in the park –
There were tears of sorrow in my eyes
The day they left.

They went away so innocently
Down to the slaughterhouse;
I was heavy-hearted
Watching them leave.
I sold them to a butcher –
A wily, merciless man –
To increase the double chins
Of ungracious people.

Out to the very borders of Europe
And upon the high seas
They'll be gobbled up
And their bones chewed:
And, oh, how paltry seems
The reward I shall receive in return for them:
Only ten thousand pounds
In my purse tomorrow.

The farmers around Inverness were well-off before the coming of BSE!

Sligean

"Dè thug sibh dhachaigh, a Mhairead, à Bhàlaigh,
Mas modh e sa Ghàidhlig fheòrach?"
"'S math a tha fios agad," thuirt i le gàire,
"Gun tug sligean tràghad, a Dhòmhnaill."

Tilleadh càch don a' bhaile le gruth agus bàrr,
Uighean, buntàt' agus mòine,
Ach 's e bhios aig Mairead ach sligean beag bàn
A thruis i air sràid a h-òige.

*'S e boireannach grinn a bh' ann
am Mairead Ghrannd. Aig àm a'
Chogaidh bha i na Caiptean anns
a' Mhedical Corps. Bha a h-athair,
Sgitheanach, na cheannbhair
an eilean Bhàlaigh, agus bha an
teaghlach a' fuireach air an eilean.
Bha gach duine dhiubh glè mheasail
air Bhàlaigh. An dèidh an dreuchd a
leigeil dhiubh, bha iad a' fuireach ri
taobh a' bhàird ann an Inbhir Nis.*

Tha aigne gach duine an urra ris fhèin,
'S tha mise gach ceum cho gòrach,
'S bidh sligean na mara 's èiteagan bàn
Gu minig a' cnàmh mo phòcaid.

'S tha seann chrogan creadha a thug mi à Beàrnaraigh
Measg gach trealaich a thàrr mo mheòirean,
'S gur tric their Fiana, tha sgiobalta rèidh,
"'S e duine gun fheum a phòs mi."

*'S e 'Fiana' an giorrachadh
litreachail a tha Dòmhnall a' cur
air Fionnaghal, ach 's e Flòraidh a
chanadh e rithe bho latha gu latha.*

Mas neoni na sligean san do chuir sinn ar n-ùidh,
Gu h-àraidh aig sùil na mòrchuis,
Tha buaidh aig na nithean a dh'ùraicheas smuain,
Ged bhiodh iad gun luach aig a' mhòr-chuid.

'S tha mo chean air a' chuideachd nach do dhealaich ri gnàths –
Gun èistinn gu bràth rin còmhradh:
Tha meudachd an cridhe na teagaisg do chàch,
'S cha dìobair iad cànan Dhòmhnaill.

Shells

"What did you bring home, from Vallay, Margaret,
If it's not against Gaelic good manners to ask?"
"You know perfectly well," she answered with a smile,
"That I brought back shells from the sea-shore, Donald."

Let others return to the city with curds and cream,
With eggs, potatoes and peat,
But what Margaret always brings is little white shells
That she gathered in her youthful haunts.

It's up to everybody to form their own ideas:
And I'm every bit as daft,
So shells and white quartz
Have all too often worn holes in my pockets.

And there's also a clay pot that I brought back from Berneray
Among all the other junk that my fingers have picked up –
And how often does Flora, who's neat and tidy, say,
"I've married a useless man."

But if the shells we're so fond of seem to be of no value,
Especially to patronising eyes,
Anything that stimulates the imagination is valuable,
However worthless it may seem to the majority.

I love the people who have never turned their backs on tradition –
I could spend my whole life listening to what they have to say:
Their warmheartedness is a lesson to others,
And their faithfulness to Donald's native tongue.

According to the poet, Margaret Grant was a lovely woman. During the War she was a Captain in the Medical Corps. Her father, a Skyeman, was Estate Manager in the island of Vallay, and the family stayed in the island. All of them were very fond of Vallay. After leaving that employment they became the poet's neighbours in Inverness.

Fèath nan eun

Fèath nan eun air muir an taibh,
Agus murt an fheasgair trom air saoghal Eileanach:
Laigh an t-sìth cho suaimhneach
Air mo dhìomhaireachd 's gun do shaoil mi
Gun do thàlaidh gràdh air falbh gu tur
An-iochdmhorachd,
Gus an do rinn brag na h-urchrach
Dearg tholl murtach
Ann an cridhe mo smuaintean.

Flat calm

Flat calm upon the ocean,
And the sultriness of the evening lying heavy upon an Island world:
The peace lay so gently
Upon my solitude that I began to think
Love had completely lulled to sleep
Cruelty,
Until the sound of that shot sent
A murderous red bull's-eye
Straight into the heart of my thoughts.

Uaigh màthair nan Cruithneach

Bha mi aig uaigh Ban-righinn nan seann Chruithneach,
Oir b' e ise màthair nan treubh aost' a thriall,
Ach ged sheas mi le ban-Shasannach a' coimhead,
Chan fhaicinn ann ach beagan chlach is feur.

Thuirt ise rium:

"A rèir an deilbh 's an cumaidh,
Is mar a tha gach clach an glaic a chèil',
Tha 'n uaigh seo mar a bha na h-uaighean eile
'S bean-riaghlaidh Chruithneach a' cnàmh sa h-uile tè."

Thuirt mise:

"Ged nach eil cas no làmh, no cnàmh dhith idir,
Nach eil leaghte an-diugh gu tur air falbh,
Ceithir mìle bliadhn' air ais bha i air thalamh
Is cha chuir mise dragh air uaigh bean mharbh."

A dh'aindeoin sin, thig daoine greis a shealltainn,
Oir gheibh iad ann co-fhaireachadh is sìth,
Ged nach fhaic iad càil ach feur a' fàs gu badach
Far bheil ceòl-mara maireannach a' beannachadh na tìr.

Chaidh an dàn seo a bhrosnachadh
le buidheann de dh'arc-eòlaichean
a bha a' cladhach ann am
Beàrnaraigh, eadar taigh a' bhàird
agus ceidhe an aiseig.

The grave of the mother of the Picts

I visited the grave of the Queen of the ancient Picts,
The matriarch of that extinct race;
But standing there beside an Englishwoman, however hard I peered,
I could see nothing but fragments of stone and grass.

She said to me:

"Based upon the evidence of shape and design,
And the way in which the stones are placed in relation to one another,
This grave appears identical to other graves
In which female Pictish rulers were buried."

I replied:

"There may not be one single limb or bone
That has not completely decomposed,
Yet she walked the earth four thousand years ago
And it seems wrong to disturb the grave of a dead woman."

Yet people keep coming here to look for a while
And seem to find a sense of fellow-feeling and peace,
Though there's nothing to be seen but tufty grass growing
Where the eternal sea-music blesses the land.

This poem was inspired by an archaeological dig in Berneray, between the poet's house and the ferry.

Màiri a' chùil chlannaich

Gu robh Màiri a' chùil chlannaich na h-ainnir ghrinn chiùin:
Ann am baile beag Shiabaigh, cò bu bhrèagha na mo rùn?
'S shaoileam eunlaith a' mhachair a bhith 'g aithris a cliù,
Seinn air tomanan feurach air sgiamh glan a gnùis.

An Rubha Bhoisinis bhòidheach thug mi òg dhut mo luaidh,
'S tu ri sireadh nam flùran chinneas dlùth ris gach bruaich;
Caomh-shùil mo chiad leannain, 's iad air dhath dreach a' chuain
Bha gu sìobhalta, stòlda madainn òirdheirc gun ghruaim.

Ach thig crìoch air gach sòlas, 's thig am bròn leis a' ghaol.
Gun do thachair e dhòmhsa: bha mi mòrchuiseach, faoin,
'N dùil gum maireadh ceòl-gàire fhad 's a bha mi air shaogh'l,
Le mo phìob air mo ghàirdean is mo Mhàiri rim thaobh.

Ach dh'fhàs d' athair riut gruamach nuair a chual' e bho chàch
Gur e pìobaire gòrach a bha 'n tòir air do làmh,
'S thuirt e, "Mhàiri, cha chòrd thu ri fear gun stòras, gun stàth,
'S cha chùm faram na pìoba suas mo nìghneag gheal bhàn."

Dh'fhàg siud lag i le galair nach gabh falach o dhaoin',
'S thuirt an lighich', "Air m' fhacal, 's ann tha bhochdainn sa ghaol."
Ach bha pàrantan daingeann nach faighinn a làmh,
'S thàinig teachdaire carach ris an can iad am bàs.

Chluich mi phìob gun aon anail tron a' bhaile le càch
Suas gu cladh na Beinn Ghainmhcheadh, far an d' dh'fhalbh iad lem ghràdh,
'S nuair a thog mi mo churrac aig uaigh ulaidh mo chràidh,
Thuit gach dual dem fhalt ciar-dhonn sìos na iallan gu làr.

Siud mar chaill mi ghruag chràisgeach – gur fìor cànan mo bheòil,
Gur e nì nach gabh àicheadh – aig uaigh Màiri 'n fhuilt òir;
Tha seann fhacal sa Ghàidhlig dhearbhadh tràth dhomh nam òig':
"Ged thig crìoch air an t-saoghal, mairidh gaol agus ceòl."

Chuala Dòmhnall an naidheachd seo aig fear Donnchadh MacLeòid ann am Brùsta, am Beàrnaraigh. Tha e coltach gun d' fhuair esan a' chuid mhòr de sheann eachdraidh an eilein o sheanair Dhòmhnaill, Niall MacPhilip, a phòs boireannach à Baile Mhàrtainn ann an Uibhist a Tuath – Mòr Dhòmhnallach, mar a chunnaic sinn ann an 'Sùil air ais', gu h-àrd. (Bha dithis bhràithrean Nèill – Iain is Ruairidh – pòsta an Uibhist aig boireannaich Uibhisteach, is bha seanair Uibhisteach aig Dòmhnall – Gilleasbaig MacLeòid – a bha na bhàrd cuideachd.) Co-dhiù, chòrd an naidheachd a fhuair e aig Donnchadh cho math ri Dòmhnall is gun do chuir e ann an dàn i.

Tha coltas eadar an sgeulachd seo agus sgeulachd sheann òrain à beul-aithris, 'Òran a' Mhàidseir' ('O Mhàiri, hè Mhàiri') agus 's e stoidhle dhualchasach a chuir am bàrd air an dàn aigesan. Faodar a sheinn ris an aon fhonn.

Mary of the curling hair

Mary of the curling hair was a lovely gentle maid –
The prettiest girl in the village of Siabaigh;
Even the birds of the machair used to sing her praises,
Chirping upon the grassy knolls about the clear beauty of her face.

I fell in love with you in lovely Rubha Bhoisinis when I was young,
When you were hunting for the flowers that grow close upon every bank;
My first sweetheart's kind eyes were the colour of the sea
On a peaceful, tranquil morning, glorious and cloudless.

But every joy must come to an end, and love and sorrow too often go together –
And so it befell me: I was proud and I was silly.
I took it for granted that music and laughter would follow me all my days,
With my pipes in my arms and my Mary by my side.

But your father was furious with you when he heard the gossip
That a feckless piper was trying to win your hand;
He said, "Mary, you'll never marry a man who has neither riches nor stability,
And the sound of the bagpipes won't be enough to support my fair white girl."

She grew weak with a sickness that couldn't be concealed from the world,
And the doctor declared, "Upon my word, love is indeed an illness."
But her parents were adamant that I should never win her hand,
And so arrived the treacherous messenger known as death.

Through the village I played my pipes with all the others, never once drawing breath,
Up to the cemetery of the Sandy Mountain, to where they had carried my love,
And when I doffed my cap at the graveside of the beloved who had wounded me,
My curling dark-brown hair fell in swathes upon the ground.

And thus I lost my bristling locks – without a word of a lie,
For it cannot be denied – by the graveside of my golden-haired Mary;
And thus I discovered, when I was all too young, the truth of the Gaelic proverb:
"The world may come to an end, but love and music will never die."

Tha bard heard this tale from a man called Duncan Macleod in Brùsta, Berneray, who had learned most of the island's history from Donald's grandfather, Neil MacKillop. (Neil married a Marion MacDonald from Balemartin in North Uist. Neil's two brothers – John and Roderick – also married Uist women and lived in Uist, and the bard also had a Uist grandfather – Archibald MacLeod – who was also a poet.) Donald liked this story so much that he made it into a poem.

This story is not dissimilar to that of the traditional ballad 'Òran a' Mhàidseir' ('O Mhàiri, hè Mhàiri'), and the bard has chosen to use a traditional style for his poem also. It can be sung to the same tune.

Ann an taigh-cèilidh Choinnich

Dà sheòldair air chluainidh
A' marachd san luatha,
'S bha luingeis na tì
Tighinn à Sìona le smùid.
Bha ghaoth bhon an deas
A' toirt fead air an doras,
'S a' priobadh an t-solais
Bha crocht' os mo chionn.

Bha mi tuiteam nam chadal,
'S thuirt Coinneach, "Chan annas:
Cha do ràinig am balach sin
Fhathast a còig.
Nach ann air a mhàs
A sheasas am buideal,
'S air bharraibh nan sgeirean
A chaidleas na ròin?"

Nuair a dhùisg mi à cadal,
Bha 'n dà sheòldair air tarraing,
'S thug Coinneach mi dhachaigh
Le cagair nam chluais:
"A Dhòmhnaill, a bhalaich,
Às an fhirinn thig beannachd.
Cha deach an dà sgalag ud
Riamh cho fada ri Cluaidh."

Ach tro thìm nì sinn gluasad,
'S an-diugh tha 'm balach air chluainidh;
'S e cumhachd an dealain
Tha ga gharadh gach là;
Is chan fhaicear e neònach
Feusag robach air òigear,
'S gun aon bhodach ròmach
A' còmhnaidh san àit'.

Mar a chaidh innse ann an 'Sùil air ais', bha gaol mòr aig a' bhàrd 's a bhràthair air Coinneach, am bodach a bha a' fuireach an ath dhoras riutha. 'S e banntrach a bha ann am màthair nam balach, agus bhiodh i ag obair anmoch gu tric, agus 's e Coinneach a bhiodh a' coimhead às an dèidh. 'S e bodach gleusta, fiosrach a bh' ann an Coinneach, agus bha mòran de sheann abairtean is de sheanchas aige cuideachd.

In Kenneth's ceilidh-house

Two retired sailors
Navigating in the ashes,
And a tea-clipper
Steaming from China;
The wind from the south
Whistling in the door,
And a twinkle from the light
That was hung above my head.

I was falling asleep,
And Kenneth said, "No wonder:
That little boy is
Not even five years old yet.
Is it not upon its base
That the bottle always stands;
Is it not on top of the rocks
That the seals always sleep?"

When I woke up from my slumbers
The two sailors were away,
And Kenneth carried me home
With a whisper in my ear:
"Donald, lad,
Out of the truth comes forth a blessing:
Those two old scallywags
Have never even sailed as far as the Clyde."

But with time we progress,
And now the little boy is out to grass himself
And it's electricity
That warms his cockles every day;
And nobody now thinks it at all strange
To see an unkempt beard growing on a young man,
While there's not a single shaggy old man
Left alive in the place.

As explained in the introduction, the poet and his brother loved Kenneth, the old man who lived next door to them. The boys' mother was a widow and often had to work late. It was Kenneth who used to look after them. Kenneth was a clever and well-informed man, and also knew many old saws and sayings.

Leac nan ainm

Air lic os cionn a' bhàigh, le tarraig is bloigh sgeine,
Chladhaich sinn ciad litrichean ar n-ainm
Is gheàrr sinn iad aig ainm nan gillean eile –
Dh'fhàg cuid dhiubh òg, 's cha do thill iad riamh nan sealbh.

Ràinig mi an leac le ceum is ciabhag aosta,
Ach bha ainm nan gillean loisgte, tur air chall –
Innleachdan nì feum do chlann an t-saoghail,
Nì iad cron nach saoil sinn aig an àm.

Tha an leac seo – far an do sgrìobh am bàrd agus a charaidean ciad litrichean an ainm nuair a bha iad òg – faisg air a' chladach ann am Beàrnaraigh. Ach an-diugh tha cuid dhe na litrichean air an sgriosadh, mas fìor an sgeul, le uisge-searbhaich. Canaidh cuid gu bheil na litrichean a tha air fhàgail a' litreachadh ACID RAIN, mar a tha an dàn seo, 's e air a sgrìobhadh mar chrois-dhàn.

The name stone

A *flag-stone above the bay, and us with a nail and a useless pen-knife,*
Carving out the first letters of our names,
Inscribing them alongside the initials of other lads –
Departed in their youth, some of them, not destined to return.

Revisiting the stone with the step and whiskers of an old man,
Almost all the lads' names were burnt out, lost forever:
Inventions that may seem beneficial to the people of the world
Now prove harmful in ways undreamt of at the time.

This flagstone – where the poet and his friends carved their initials when they were young – is close to the shore in Berneray. But today some of the letters have been destroyed – so it's said – by acid rain. The remaining letters spell out the words ACID RAIN, as does this poem, which is composed as an acrostic.

Eilean Phabaigh

Eilean Phabaigh, tric air m' aire,
Far 'n glè òg a rinn mi tàmh:
Bha mi geamhradh agus earrach
San eilean a tha falamh fàs.

Ged bha Beàrnaraigh faisg nam shealladh,
B' fheàrr dhomh e bhith fada bhuam:
Cha bhiodh e leth cho trom air m' aigne
Nan robh e 'm falach orm sa chuan.

Ach 's tric mo smuaint air Ruairidh Pabach,
Dòmhnall Beag is Dòmhnall Mòr:
Bha iad coibhneil ris a' bhalach
Thug iad dhachaigh na ghill' òg.

Tha iomadh linn on thriall an tuath às:
Cha b' ann len deòin a rinn iad falbh;
Bhon a dh'fhuadaicheadh gu tur iad
Tha e 'n-diugh na eilean marbh.

Is ged bhiodh airgead na mo phòcaid,
Gum b' e gòraiche bhiodh ann:
Cha robh bùtha no taigh-òst' ann,
Eaglais, stòr no talla danns'.

Triùir bhràithrean ann an eilean mara
Gun anam beò ann ach iad fhèin:
Ach 's e inntinn 's bodhaig làidir
Companaich as fheàrr fon ghrèin.

Ged thèid eachdraidh air dìochuimhn',
Chan eil e fìor gun d' fhuair i bàs:
Nì làraichean nan taighean falamh
Aithris dhuinn air mar a bha.

The Island of Pabbay

Island of Pabbay is often in my mind
Where I lived when I was very young
For a winter and a spring
In an island deserted, empty.

Though Berneray was close enough for me to see it,
It would have been better had it been further away:
It would have lain less heavily upon my spirits
If it had been hidden from me by the sea.

But now I often think of Pabbay Roderick,
Wee Donald and Big Donald:
They were kind to the boy
Whom they took into their homes as a young lad.

It's many an age since the inhabitants left the island:
They went not of their own free will;
And because every one of them was evicted,
It is now a dead island.

Even if I had had money in my pocket,
It wouldn't have been of much use there,
For Pabbay had neither shop nor inn,
Church nor store nor dance-hall.

Three brothers in a desert island
With no living soul but themselves:
But a healthy mind in a healthy body,
Those are the best companions under the sun.

Though history may be forgotten,
It's not true that the island's dead:
The ruins of the empty houses
Still tell us about how things were.

Tha 'n seann taigh-tughaidh 's e ri talamh
Far 'n tric a dh'èist mi ris an triùir
Ag aithris sgeul 's a' seinn nan òran
Airson gill' òg a chur air sunnd.

Mo shoraidh leis an eilean àlainn
'S an triùir bhràithrean bh' ann fa-dheòidh;
Tha iad sìnt' an-diugh len càirdean
Far an deach an àrach òg.

The old thatched house has now fallen to the ground
Where once I listened to the three men
Telling tales and singing songs
To amuse a young lad.

Farewell to the lovely island
And to the three brothers who were its last inhabitants:
Today they lie beside their people
In the place where they were raised.

Laoidh do Phabaigh

Dh'fhàg iad mi air eilean fàs
Na laighe sàmhach anns a' chuan,
Oir dh'fhuadaich iad gun iochd gun ghràdh
A' chuideachd chàirdeil bha ann uair.

Ged bha mi suas ri còig bliadhn' deug,
Bha m' inntinn tinn do bhrìgh mar bha,
'S a' bhanntrach dh'àraich mi le mùirn,
Bha ise tùrsach air mo sgàth.

Is thuirt i rium le sùilean blàth,
"Cuir ùrnaigh shàmhach suas dhut fhèin:
Chan eil i airson cluasan chàich
Ach cluinnear i an Àros Dhè."

Cha ghabh mo smuaintean aig an àm
A chur le peann dhuibh na mo dhàn,
'S ged dhìrich mi suas Beinn a' Chùirn,
Cha tug mo shùil a-staigh mo chàs.

Sgaradh an tuath, 's bha 'n t-eilean bàn
Ach triùir bhràithrean bàidheil, stuam',
Aodhairean nan caorach maol
A bha nan sgaothan air a' chluain.

Ged chuir na bràithrean cùl ri daonnachd
Ann an eilean faondrach, fàs,
Bha cumhachd bu treise na iad fhèin
A' treòrachadh an ceum gach là.

Memories of Pabbay

I was left upon a deserted island
That lay out in the ocean,
For they had mercilessly, cruelly evicted
All the friendly people who once lived there.

Although I was nearly fifteen years old,
My mind was sickened by the way things were,
And the widow who raised me with loving care
Was full of concern for me.

And she said to me, with eyes full of warmth,
"Say a quiet little prayer under your breath,
Not for the ears of anyone else –
Though it will surely be heard in God's House."

My thoughts at that moment
Are impossible to express for you in my poem:
And when I climbed Beinn a' Chùirn
I couldn't see my surroundings.

The people had been split up, and the island was vacated,
Apart from three kindly, quiet brothers –
Shepherds of the hornless sheep
That swarmed over the meadows.

But though these brothers lived like hermits
In this neglected, deserted island,
A power stronger than themselves
Shepherded their footsteps every day.

Gun bhun no bàrr: Beinn a' Chlaidh

Thug mi leam am maide calltainn,
Ghreimich mi air bun-os-cionn,
Freumhaichean a' dèanamh cromag
Cho ealanta 's a chunnaic sùil.

Cha b' e MacDhòmhnaill a' bhotail
A dhealbh a' chromag bha nam làimh
Ach Dòmhnallach de shìol Ghleann Comhainn
A thill air leth-chois às an Fhraing.

Dhìrich mi bheinn ghorm gun chuideachd,
Mar a rinn mi iomadh uair;
Dhìrich mi i na mo chadal
'S gaoir a' bhaile na mo chluais.

Tha chlach mhòr aonarach na seasamh –
Cha tig fiù 's eun beag na còir –
'S tha 'n sluagh a thog i 'n-àird cho dìreach
Mìltean bliadhna fon an fhòid.

Mas e an cladh a tha mun cuairt dhith
A tha fuadachadh nan eun,
Cò aig' tha brath nach d' fhuair iad fiosachd
Nach deach a thoirt do dhuine riamh?

Tha 'n tobar àrd air bàrr na beinne,
Uisge-beatha saor o mhàl –
Ana-caitheamh air an fhuaran
Bhith ga thruailleadh anns an t-sàl.

Tha Uaigh an Rìgh aig Lag Ma-Ruibhe,
Is Leac na Coise rithe dlùth,
Far 'n do chàirich e cas dheiseal
Mun do chuir iad air an crùn.

Rinn am bàrd an dàn seo sa bhliadhna 1997, nuair a bha e air chuairt an Dùn Èideann, prìomh bhaile na h-Albann. Dhùisg seallaidhean a' bhaile mhòir smuaintean domhainn ann an inntinn a' bhàird, 's e a' feuchainn ri "bun no bàrr" a dhèanamh dhen t-saoghal: saoghal an là an-diugh a nì "ana-caitheamh" air an eòlas agus an lèirsinn a bh' aig na seann daoine; saoghal far am bi a' mhòrchuid chumhachdach a tha a' tàmh ann am meadhan na dùthcha a' dèanamh an aon rud air dualchas nam mionchuid no nan daoine a th' air 'an iomall'. Uill, b' e sin am "bun no bàrr" a rinn an deasaiche seo dhen dàn chudromach aig Dòmhnall co-dhiù.

Head nor tail: the Hill of the Graveyard

The poet composed this poem in 1997, while he was on a visit to Edinburgh, capital city of Scotland. The city sights aroused deep thoughts in the bard's mind, as he tried in vain to make "head nor tail" of the world: a modern world that "wastes" the knowledge and vision of its own ancestors; a centrist world in which powerful majorities do the same thing to minority, peripheral cultures. At least that's what this editor made of Donald's thought-provoking poem.

'Cromag' is a walking-stick.

There is an old Gaelic saying "*Dòmhnallaich tòn a' bhotail*" ("the Macdonalds, the dregs of the bottle") which refers to an incident when men were bribed, with promises of whisky, to swell clan ranks by changing their names to MacDonald! The meaning here is that the person who carved the stick, though he was actually called Macdonald, was in fact 'the real MacCoy' as regards craftsmanship.

I took the hazel stick with me,
Holding it upside-down,
Its roots crafted into a cromag
As artistic as was ever seen.

It was no "MacDonald of the bottle"
That carved the cromag in my hand
But one of the MacDonalds of Glencoe,
A man who had returned from France without a leg.

On my own, I climbed the blue mountain
As I'd done so many times before:
Climbing it in my sleep
With the noise of the city in my ears.

The great lonely stone stands up there:
Not even a little bird comes near it;
And the people who erected it so tall and straight
Have been beneath the clay for thousands of years.

If it's the graveyard that surrounds it
That frightens off the birds,
Who knows, perhaps they're gifted with insight
That human beings have never possessed?

In a well, high up on the top of the hill,
The "water of life" is available free of charge –
What a waste of this spring
To be corrupted in the sea.

The King's Stone stands at Lagmaree,
With the Foot Stone close by,
Where the King used to place his right foot
Before his coronation.

A' bheul-aithris bh' aig do sheanair,
Cha chan mi riut gu robh i ceàrr –
Seall mun cuairt ort 's chì thu 'n fhìrinn,
Ged nach eil i sgrìobht' air clàr.

Ach smuaintean bruailleanach na maidne,
Faileasan a' teich' on là,
'S chan eil ach Caisteal ciar Dhùn Èideann
Toirt mo lèirsinn bhuam 's mo chàil.

The traditional beliefs held by your grandfather,
I won't tell you they were wrong:
Look about you and you'll see the truth,
Though it may not be written upon tablets of stone.

But the disturbing thoughts of the morning
Are like shades fleeing from the day,
And now there's only Edinburgh's dark Castle
Obscuring my vision and my strength.

Nìghneag ann an Innse Gall

A nìghneag ann an Innse Gall,
Nach math thu bhith ann;
Do smuaintean cha lèir dhomh,
Ged tha thu sa ghrèin
Nad shuidhe leat fhèin
Fa chomhair na tràigh.

Thu 'g amharc nan tonn
Agus leabhar nad làimh,
Le sgeul ùr fhaoin
Nach claon bhon ghràdh.

Ach cuimhnich, a rùin,
Nach eil càil ùr fon ghrèin,
'S gu bheil thu fhèin 's do sgeulachd fhaoin
Nas sine na chiad osna throm
A thàinig riamh à com
Na Cruinne-cè.

A nìghneag ann an Innse Gall,
"Nach math a bhith beò?"
Bha 'm facal ud aig Eileanaich daonnan

Mun do sgoilt iad cridhe an t-saoghail.

Young girl in the Hebrides

Young girl in the Hebrides,
Isn't it great that you're here:
I've no idea what you're thinking
Though you're in the sunshine
Sitting there all alone
Facing the shore

Looking at the waves,
With a book in your hand –
Some new work of fiction
Relating to love.

But remember, my dear,
There's nothing new under the sun,
And you and your fiction
Are older than the first heavy sigh
That ever heaved from the breast
Of the Universe.

Young girl in the Hebrides,
"Isn't it good to be alive?"
Islanders have been saying that

Until they split the heart of the world.

Dòchas

Thuirt a' bhean òg rium:

"Ged as coigreach mi air chuairt à dùthaich eile,
Choisich mi 'n tràigh gheal agaibh an-dè,
Ach bha na h-eòin gam fhuadach às an dachaigh
Is sgòthan dorch' a' falach orm nan speur.

"Dhìrich mi 'n uair sin Beinn a' Chlaidh nam aonar
Airson gu faighinn làthaireachd is sìth,
Ach cha d' fhuair mi ann ach seann chlach mhòr na seasamh
Far bheil na mairbh nan cadal anns a' chill."

"Tha a' mheinir aosta sin," thuirt mise rithe,
"Ceithir mile bliadhn' na seasamh agus còrr,
Ach riamh chan fhaca mi aon eun a' dol na mullach:
Tha fhios aig Freastal fhèin carson; chan eil aig duine beò.

"Ach, a chaileag òg, air làithean-saora rithist,
Oirthir na Grèin dhut fhèin, is gheibh thu ghrian."
Ach fhreagair i le sùilean anns na nèamhan,
"Seo tìr mo ghràidh, is tillidh mi, ma gheibh mi cead o Dhia."

Hope

The young woman said to me:

"Though I'm a visitor from another land,
I walked your white sands yesterday,
But the birds kept trying to drive me away from their homes
And dark clouds hid the skies from me.

"And then I climbed up the Hill of the Graveyard on my own,
In an attempt to find some sense of presence and of peace;
But all I found there was a big old stone standing
Where the dead lie sleeping in their graves."

"That ancient rock," I replied,
"Has stood there for four thousand years and more,
But never once have I seen a single bird sitting on top of it –
Heaven knows why, for man certainly doesn't.

"So, young girl, next time you go on holiday,
Go to the Costa del Sol if you're in search of sunshine."
But she replied, with her eyes to the heavens,
"This is the place I love, and I'll return, God willing."

Crò Raibeirt

Crò Raibeirt ann an eilean Thorghaigh,
Bearradh fuar aig bruaich na mara,
Ach an-diugh chan eil neach beò san àite
Nì aithris dhòmhsa càil mu Raibeart.

Ma bha e fuireach ann air àirigh
De cheapan fòideach agus clachan,
Cha do lorg mi riamh an làrach
Bhon thriall an t-àl aig an robh aithn' air.

An robh e fon choill 's an ruaig air
Mun d' fhuair e bhuaidh aig Allt a' Bhonnaich
(Ged 's e their sinne ris sa Ghàidhlig
Bùrn nam Bànagan Geala!)

Seall fear Crò Magnon anns an Fhraing:
Ged bha e mìltean bliadhn' am falach,
Thuirt cuid gur e an dul bh' air dìth
Ann an sinnsearachd mo sheanar.

Ach bhuail e mi gu trom san oidhch'
Gun bhith faighneachd neach nach maireann,
Is mar a dhearbhas tìm gach creutair:
'S e mi fhèin a th' ann an Raibeart.

'S e Bùrn nam Bànagan Geala
an t-ainm a tha aig muinntir na
Hearadh air 'Bannockburn', agus
tha sin tòrr nas ciallaiche na tha Allt
a' Bhonnaich!
('S e 'bànag' a chanas na Hearaich
ri 'iasg breac na mara': ann an
Uibhist canaidh iad 'gealag', agus
bha sin aca cuideachd ann an
Earra-Ghàidheal: m.e. san òran le
Donnchadh Bàn, 'A Mhàiri Bhàn
Òg': "... is thug mi le sgrìob air tìr a'
ghealag...")

Ach bonnaich is bànagan ann no
às, is cinnteach gu bheil am bàrd
a' tarraing ar cois san dàn seo. (No
ri fealla-dhà gu fealla-trì, mar
a chanas e fhèin.) Bho bhith a'
cnuasachadh air cho mòr 's a tha an
dùthaich ag atharrachadh fad na
h-ùine, agus a' beachdachadh air cò
ris a bha cruth na tìre coltach deas
air Sruighlea air Latha Meadhan
an t-Samhraidh ann an 1314, tha
e a' leum ann an rann no dhà gu
co-dhùnadh gu math neònach,
a chuireadh an t-iongnadh air
Teàrlach Darwin fhèin!

188

Robert's Cattle-fold

If you've ever wondered how Bannockburn got its name, here, perhaps, is your answer. In Harris the word for a grilse or sea-trout is 'bànag', which would give a very new meaning to the word ('burn of the trout', which certainly seems to make more sense).

But notwithstanding bannocks and trout, it's pretty certain that the bard is teasing us in this poem. From his meditations upon the extent to which the countryside is perpetually changing, and his cogitations as to what the land might have been like to the South of Stirling on Midsummer's Day, 1314, he leaps in a couple of short verses to a rather intriguing (if not bizarre) conclusion as to the origins of man in general and himself in particular. It would astonish even Charles Darwin!

I visited Robert's Cattle-fold in the island of Toraghaigh –
A chilly precipice on the edge of the sea,
But nowadays there's nobody left alive in the place
Who can tell me anything at all about Robert the Bruce.

If he did indeed stay here in a sheiling-hut
Made out of peat blocks and stone,
I never managed to locate the site,
For the people who used to know about it have all gone.

Did he stay there as an outlaw, fleeing from his pursuers
Before his victory at the Burn of Bannocks?
(Though in the Gaelic language we call it
The Burn of the White Trout.)

Consider Cro-Magnon Man in France:
After he had remained hidden away for thousands of years,
People suddenly started naming him as the missing link
In my grandfather's genealogy!

So it suddenly struck me in the night,
Without even having to consult any dead authorities,
That, since time has such untold effects on everyone,
Perhaps I myself am Robert the Bruce!

Deas-Labhairt do Thaigeis
air eadar-theangachadh o bhàrdachd Bhurns

Deagh chuid dod aodann sona glic,
Chinn-feadhna mhòir nam marag bruich.
Thug thusa bàrr led chaolain 's goile
       Thar do chuid chàirdean:
Is altachadh, 's tu 's airidh air,
       Cho fad' rim ghàirdean.

An truinnsear gearanach mud mheud,
Do mhàs mar bheinn fad' às o lèir,
Do bhior gun càireadh muileann dhubh
       Air latha sònraicht',
'S an dealt a' brùchdadh tro do phòir
       Mar bhoinnean òmair.

An sgalag le sgian fhaobharach thig,
'S do ghearradh suas nì e le sgil,
Is taomaidh e do mhionach mòr
       Mar fear an dìge;
'S b' e siud an sealladh glòrmhor, ait,
       Blàth, boltrach, prìseil.

Bidh spàin air spàin 's iad sìnte null,
'S an Donas glacadh am fear-cùil,
'S mu dheireadh bidh gach brù mar dhruma,
       Air at a-mach;
'S gach fear an impis sgàineadh buileach
       Gu tur is glan.

Cò 'm fear le earr-bhruich às an Fhraing
No stòbh a lìonadh muc gun taing,
No eanraich bheireadh orra sgeith
       Le òraisg, cinnteach,
A shealladh sìos le fanaid 's tàir'
       Air leithid de dhìnnear?

Address to a Haggis
Robert Burns

Fair fa' your honest, sonsie face,
Great chieftain o the puddin-race!
Aboon them a' ye tak your place,
      Painch, tripe, or thairm:
Weel are ye wordy o a grace
As lang's my airm.

The groaning trencher there ye fill,
Your hurdies like a distant hill,
Your pin wad help to mend a mill
      In time o need,
While thro your pores the dews distil
      Like amber bead.

His knife see rustic Labour dicht,
An' cut ye up wi' ready slicht,
Trenching your gushing entrails bricht,
      Like onie ditch;
And then, O, what a glorious sicht,
      Warm-reeking, rich!

Then, horn for horn, they stretch an' strive:
Deil tak the hindmost, on they drive,
Till a' their weel-swall'd kytes belyve
      Are bent like drums;
Then auld Guidman, maist like to rive,
      'Bethankit' hums.

Is there that owre his French ragout,
Or olio that wad staw a sow,
Or fricassee wad mak her spew
      Wi perfect scunner,
Looks down wi' sneering, scornfu view
      On sic a dinner?

Seall Deamhan bochd, gun bhiadh tha ceart,
Cho lag ri luachair a th' air sneachd';
Tha chalp' cho caol ri cuip, mo chreach,
⠀⠀⠀⠀'S a dhòrn mar crò;
'Son teich' bho ghàbhadh no bho thuil
⠀⠀⠀⠀Chan eil ann deò.

Ach seall fear-dùthcha, beò air taigeis:
Bidh 'n talamh fhèin a' crith fo chasan,
'S càirich speal na dhòrn le cabhaig,
⠀⠀⠀⠀Is bheir e fead oirr',
'S mar ghràn chluarain leis a' ghaoith,
⠀⠀⠀⠀Aon sop cha sheas aig'.

Uile-Chumhachdaich a tha sealltainn caomh
'S a' beathachadh a' chinne-daonn',
Chan eil seann Alba 'g iarraidh sgiùird
⠀⠀⠀⠀Am bobhla stealladh;
'S e m' ùrnaigh thaingealach dhut fhèin:
⠀⠀⠀⠀Thoir dhuinn an taigeis!

Puir devil! see him owre his trash,
As feckless as a wither'd rash,
His spindle shank a guid whip-lash,
        His nieve a nit;
Thro bluidy flood or field to dash,
        O! how unfit.

But mark the Rustic, haggis-fed:
The trembling earth resounds his tread!
Clap in his walie nieve a blade,
        He'll mak it whissle;
An' legs, an' arms, an' heads will sned
        Like taps o thrissle.

Ye Pow'rs, wha mak mankind your care,
And dish them out their bill o fare,
Auld Scotland wants nae skinking ware
        That jaups in luggies;
But if ye wish her gratefu prayer,
        Gie her a Haggis!

Crois-dhàn na Nollaig

Nis tha 'n geamhradh cruaidh san tìr,
Osag bhuan cho fuar ri deigh,
Luaireagain mun chagailt bhlàth,
Lòchrain laiste tràth a-staigh,
Aimsir chabaireachd is ròic,
Iasg agus feòil-reòtht' sa chist',
Giomanach gu tric san òs,

Cridhealas le spòrs is mir.
Hirt fo sgòth anns a' mhuir siar,
Rùn gach iasgair bhith aig port,
Ioma-ghaoth mireagaich mun cuairt,
Deasbaireachd mu chuan 's mu chroit.
Har gach guidhe rinn mi riamh,
Èislean gun bhith oirbh no sprochd,
Innisibh do gach neach le cinnt,
Luaidh mo chrìdh' bhith leibh a-nochd.

Sgrìobhte dhan phàipear-naidheachd Ghàidhlig, Crùisgean, san Dubhlachd 1978.

Àm na Nollaig a' tighinn dlùth,
Geanalachd às ùr nar measg,
Uallaichean gan cur air chùl:
Siud mo dhùrachd dhuibh le meas.

B' e mo mhiann bhith 'm fianais priobadh
Leus-mara th' ann an Eilean Fhuaim,
Inntinneach le fear an aiseig
Anmoch bhios ri siubhail cuain,
Dorch' ged bhiodh an oidhch' gun rionnag,
Har gach rudha le 'Co-fhonn',
Null gu acarsaid na beinne,
A-steach gu baile beag nan long.

A Christmas acrostic

Now hard winter roams the land;
On every side blow icy gales;
Little children hug warm fires;
Lamps lit early in every home;
Adults full of talk and feasting;
In every pantry meat and fish lie cooling;
Gallant huntsmen haunt each river-bank.

Christmas spirit: mirth and joy.
Hiding in clouds, away to the west, St Kilda
Recalls the fisherman home to port;
Inclement winds play havoc with men's lives,
Driving home their arguments on sea and croft.
Here I, the poet, pray earnestly:
Eased be your mind, and glad.
I beg you, tell each man you greet,
Love is my heart's prayer for you tonight.

As Christmas-tide approaches near,
Graces new be in our midst,
Unsolved problems left far behind:
So this and more I pray for you.

By its twinkling signal I'd set my course –
Light from the beacon in Eilean Fhuaim –
Its message clearly legible by the ferryman
As late he sails across the sea,
Dark though the starless night may be:
'Harmony' the boat he guides around every promontory,
Now over under the lofty mountain's lee
And into the little village of the boats.

Written for the Gaelic newspaper, *Crùisgean,* December 1978.

The first letters of each line of this poem spell out the greeting *Nollaig Chridheil agus Bliadhna Mhath Ùr* ('Happy Christmas and a Good New Year'). The poem also has a riddle in its tail: and telling riddles was a favourite form of entertainment in long winter nights throughout the Gaidhealtachd.

Mo roghainn a bhith 'n-dràst' nam sheasamh,
Hearadh eagach ormsa clì,
A' Bheinn Phabach air mo chùlaibh,
Tàthaigh le mo shùilean chì.
Hearmatraigh 's gach eilean àlainn

Ùrachadh dom shlàinte nì –
Rannsaichibh a-nis an t-àite far bheil làrach mo dhà chrùidh.

My wish is now to be standing where
Harris, jagged, on my port side appears
And at my back the Ben of Pabbay rears,
Tahay to my eye appears.
Hermetray and all the lovely islands

Unstintingly restore good health to me:
Reveal now, if you can, the place wherein my footprints lie.

Cumha na h-àrsaidh: riochd-samhlachadh

Bha uair bha mi cho greannmhor ris a' mheanglan on do dh'fhàs mi,
Meur den darach lùthmhor à dùthaich nan crann àrda,
'S gur iomadh balach tapaidh rinn mi altramas gun nàire,
Agus bodach frogail a rinn norrag air mo ghàirdean.

Mas i poit-dhubh na braicheadh rinn an sgaradh a bha meallta,
'S a dh'fhalbh iad dha na Hearadh leam, cha robh e mar a gheall iad;
'S ged thug iad còta bòidheach dhomh, a chòmhdaich gu mo bhonn mi,
Bha mi mach às àit' ann, 's mi fo sgàil na h-àirneis Gallta.

Nach bu ghòrach fear an taighe nuair a chaith e mi às fhàrdaich
'S a thug e staigh tè Shasannach gu ladarna nam àite;
Ach nan robh lorg aig Murchadh far 'n do thilgeadh leis an làn mi,
Bhithinn blàth na dhachaigh, 's mi gu snasmhor air mo chàradh.

'S ged tha mi nochd gu ainniseach air cladach cas Dhùn Àrainn,
Bha uair a bha mi fasanta, cur faileas air mo chàirdean.
'Ille òig, anns an dol seachad dhut, ma chì thu san tiùrr àrd mi,
Thoir dhachaigh mi gu Pabaigh, agus falaich ann mo chnàmhan.

Ach thig an aois air duine, mar a thig i air an àirneis,
An tiodhlac nach eil maireannach a tha againn o na h-Àirdibh.
Ach thuirt bodach liath le feusag rium gura fìor an ràdh e:
"Cumaibh fliuch no tioram mi, is darach gu bràth mi."

'S e Murchadh Caimbeul nach
maireann, maighstir-sgoile à
Sgalpaigh, a dh'inns an naidheachd
seo dhan bhàrd. Bha Dòmhnall is
Murchadh glè mhòr aig a chèile,
is 's ann aig Murchadh a bha na
sgeulachdan.

Bha caraidean aig Murchadh a
thàinig à Pabaigh: thug iad being às
an eilean, agus ghlèidh iad i gus an
robh i ro shean. Chuir iad an uair
sin a-mach i, agus nuair a thàinig
gèile, dh'fhalbh an làn leatha!

Chuala am bàrd an seanfhacal mun
darach nuair a bha e na bhalach
beag aig Coinneach Moireasdan,
am bodach a bha a' fuireach san
ath thaigh ri Dòmhnall agus a
theaghlach.

The lament of old age : an allegory

Once upon a time I was as pretty as the boughs from which I grew –
A branch of the hardy oaks from the land of the high trees –
And many a clever boy I held without shame upon my lap,
And many a merry old man snoozed on my arm.

Some say it was the whisky-still that caused the treacherous break-up
Which made them take me away to Harris, where things didn't turn out as promised:
For though they gave me a lovely new coat that covered me right down to the ground,
I was out of place there, upstaged by Lowland furniture.

And how silly of the man of the house to put me outside
And sneak an English replacement in instead;
But if Murdo could just find the place where the tide flung me ashore,
I'm sure I'd soon be nestling back in his home, all nicely dressed up again.

Alas, tonight I'm in dire straits upon the steep shores of Dun Arainn –
I, who was once fashionable and outshone all my relatives.
Young lad, as you pass by, if you should see me on the high-water mark,
Please take my bones home to Pabbay and bury them there.

Old age comes upon men just as surely as it does upon furniture,
For the gifts we get from the Heavens don't last forever.
But an old grey-bearded man once told me that the proverb is true:
"Keep me wet or keep me dry, I'll still be an oak-tree."

It was the late Murdo Campbell, a schoolmaster from Scalpay, who told the poet this tale. Murdo and the bard were very friendly with one another, and Murdo was full of stories.

When some relatives of his who came from Pabbay left the island, they took with them a bench, which they kept until it became too old. Then they put it outside, and during a gale it was washed away by the tide.

Donald heard the saying about the oak-tree when he was a little boy, from Kenneth Morrison, who was the family's next-door neighbour.

Duanag bheag mun Ghàidhlig

Chuala mi caileag òg shunndach
A' seinn air ùrlar àrd
Òran gaoil cho tiamhaidh
'S a thàinig riamh o bhàrd;
Ach cha b' e brìgh nam briathran,
No cianalas an dàin,
Ach a' chànan mhilis, uasal
Thug buaidh air aigne chàich.

Is cian bhon chualas an ràdha,
'S e brìodal bhlàth don òig'
A bheothaicheas gu làidir
Ar cànan anns gach dòigh,
'S chan e bhith sgrìobhadh bàrdachd
No bhith cur dhàn ri ceòl
Ach bhith ga teagaisg làitheil
Le bàidhealachd is deòin.

Mas e cion diù nan Gàidheal
'S nach e mì-rùn nan Gall
Tha bagairt stèidh mo chànain
'S a' cur fàilligeadh na bonn,
Carson a bhiodh sinn Beurlach
'S cainnt threubhach na ar ceann?
Ach dubhar às na Gàidheil
Ma thrèigeas iad an cainnt.

Mo chion air gach neach ghabh ùidh innt'
'S a dh'ionnsaich i le bàidh,
'S a theagaisg i don òigridh
Le moraltachd is gràdh.
Chan fhaigh sibh an t-urram bu chòir dhuibh
On mhòr-chuid tha gun dàimh
'S a tha coma co-dhiù mun Ghàidhlig
No fàsmhorachd mo chainnt.

A little ditty about Gaelic

I heard a joyful young girl
Singing, on a concert platform,
A love-song as plaintive
As ever emanated from a poet;
But it wasn't the meaning of the words she sang,
Nor the longing in the poem,
But the sweet, noble language
That conquered the hearts of the audience.

It's been said for a long time
That through speaking it lovingly to young people
We'll revive and strengthen
Our language in every way:
Not through writing poetry
Or setting poems to music,
But through teaching it regularly every day
With affection and enthusiasm.

Perhaps it's the indifference of the Gaels themselves,
Rather than the ill-will of the Lowlanders,
That's been undermining the foundations of my language
And blighting its roots;
But why should we let ourselves become anglicised
When we have a vigorous language in our heads?
For the Gaels will be wiped out
The moment they forsake their language.

My thanks to everyone who has taken an interest in it –
Willingly learning to speak it,
And teaching it to the young folk,
Ethically and affectionately.
They'll never be given the respect that they deserve
From the majority of the population who feel no affinity towards us
And couldn't care less about Gaelic
Or the continuance of my language.

Cabhsair Bheàrnaraigh

Mealaibh ur naidheachd am Beàrnaraigh
'S gach neach tha tàmh mun cuairt:
Cha bhi sibh tuilleadh mar bha sibh,
Fo bhinn an t-sàil 's nan stuagh,
Seach gun d' fhuair sibh cabhsair
Tha tur a' roinn a' chuain –
Chan fhacas mìorbhail cho gràsmhor
On thràghadh am Muir Ruadh.

'S mo bheannachd aig mnathan an àite:
Ged tha iad càirdeil, stuam',
Choisinn iad àillean do Bheàrnaraigh
Le deas-chainnt làidir chruaidh;
Is Comhairle nan Eilean chan fhàgainn,
Oir bhuannaich iad am blàr,
Is thug iad dhuinn starsach thar sàile
Bhios maireannach gu bràth.

'S na gillean a thog i cho làmhach,
Gun làmh a chur na gaoth
Ach ùruisgean stàilinn is iarainn
Ga gnìomhadh suas on ghrunnd,
Choisinn iad urram na linn seo
'S gach linn a thig nan dèidh,
Ged nach deach peinneag na h-àite
Gun chead o Àrd-Rìgh Nèimh.

Ach bidh ionndrainn air Aiseag Beag Bheàrnaraigh:
Tha còrr is sia bliadhn' deug
Bho thàinig i dhan an àite,
'S i air an t-sàl mar eun:
Nach iomadh càr a thug i
Sàbhailte thar a' chuain,
'S dhan sgioba ghasta a sheòl i,
Guidheam-sa sòlas buan.

Chaidh an dàn aotrom seo – moladh a' bhàird air a' chabhsair a bha air ùr-fhosgladh eadar Beàrnaraigh agus Uibhist – fhoillseachadh san Stornoway Gazette sa Ghiblean 1999.

The Berneray Causeway

Congratulations to all of you in Berneray
And to all who live round about:
You'll never again be as you once were –
Prisoners to sea and waves –
Now that you've got a causeway
That cuts the sea in two:
Never has such a glorious miracle been seen
Since the parting of the Red Sea.

My blessings upon the local women:
For, despite being so gracious and restrained,
They managed to secure a causeway for Berneray
Through the power of their hard-hitting eloquence;
And we mustn't forget the Western Isles Council,
For ultimately it was they who won the battle,
And gifted us a bridge across the sea
That will last forever.

And the lads that constructed it so nimble-handedly
Yet never laid a hand upon it –
For it was their steel and iron water-gods
That built it up from the ground:
They have won the respect of this generation
And of every generation still to come,
Though of course not a single stone was laid in place
Without the blessing of the King of Heaven.

And yet Berneray's little ferry-boat will be missed:
It's more than sixteen years
Since she arrived in the place,
Flying over the waves like a bird:
Many a car she carried
Safely over the ocean,
And to the excellent crew that sailed her
May I wish eternal happiness.

This light-hearted poem – the poet's panegyric to the newly-opened causeway between Berneray and Uist – was published in the Stornoway Gazette April 1999.

The *ùruisg* of the poet's playful metaphor was half-man, half-beast, and – just like the heavy plant of modern construction companies – extremely powerful.

Ach riamh bha mnathan am Beàrnaraigh
A' stiùireadh bàta fo sheòl,
Is ruith iad an t-aiseag dhan àite
Le ràmh ac' anns gach dòrn,
'S a' chuid ac' nach deach thar chuimhne
Gu sgrìobh mi dhuibh nam dhuan:
'S iad Magaidh, Eilidh is Oighrig,
A' mhaighdeann bha gun ghruaim.

But as ever it was the women of Berneray
Who steered the project like a ship in full sail,
To run the ferry straight home
With an oar in each fist;
The most memorable of them
I'll celebrate for all time in my poem:
Namely Maggie and Helen and Effie –
The lass who was never anything but cheerful.

Craobhan

Tha craobhan dìomhair a' fàs gu fìorghlan
Ann an eilean tìorail tha siar sa chuan,
Is ged nach mòr iad, gu bheil iad sònraicht'
Feadh lagan còsach nach leòn am fuachd;
'S gur tric, air falbh ann an tìr-mòr Alba,
A nì mi dealbh dhiubh nam inntinn fhèin,
'S tha 'n àite-còmhnaidh gun anam beò ann,
Na dachaigh lònach aig eòin nan speur.

Cha b' e làmhan dhaoine a chuir na craobhan
A tha cho aonarach air a' chluain
Ach cumhachd nàdair, a dhùisg gu fàs iad
Airson àilleachd na sgìr' mun cuairt,
'S gur mòr an sòlas a thug iad dhòmhsa
Is mi air fòrladh an Innse Gall,
'S mo dhùrachd slàint' agus modh gu fàs dhaibh
Sna leòidean sàmhach fo sgàil nam beann.

*Doire bheag de dh' fhìor sheann
chraobhan ann an Uibhist a Tuath,
faisg air Cùl Beinn a' Chaolais.*

Trees

Secret trees grow clean and pure
In the mild island in the western ocean,
And though they're not big they're special –
Growing in the recessed hollows where the cold won't harm them:
And often, far away upon the Scottish mainland,
I draw a picture of them in my own mind,
And there no living soul shares their dwelling-place:
Only the birds of the air inhabit their hollowy home.

It wasn't human hands that planted the trees
That grow so lonely there upon the meadow,
But the sheer force of nature that awakened them to life
To adorn with their beauty the whole countryside around;
And great is the joy that they have given me
When I've been back on holiday in the Hebrides.
Long may they enjoy health and proper conditions to continue growing
In the quiet spaces beneath the shadow of the mountains.

A tiny grove of extremely old trees, situated near Cùl Beinn a' Chaolais in North Uist.

Tha an taigh-tughaidh seo aig an Làimrig,
faisg air a' Bhaile

This thatched cottage is at Lamerig, near Baile

Sealladh nas fhaide air falbh air an taigh ud
agus air taigh eile aig an Làimrig, a chuireadh
air dòigh is a chaidh a thughadh a-rithist

Distant view of previous cottage and
another cottage at Lamerig, which
has also been restored and thatched

Faisg air meadhan Bheàrnaraigh. Na thobhta
a-nis, ach bhathar a' fuireach ann sna 1970an

Berneray near the centre of the island. Now a
ruin, this house was lived in the 1970s

Dà thaigh aig a' Chlachan

Two houses at Clachan

An t-seann eaglais am Boighreigh a' dol fàs.
Chuireadh à cleachdadh i sna 1920an.

The old ruined church in Boreray. It was
decommissioned in the 1920s

Taighean aig a' Phort am Borgh aig ceann a deas
Bheàrnaraigh, is iad nan tobhtaichean le chèile

Cottages at Port in Borve in the southern end of
Berneray; both in ruins

Sealladh eile air na taighean
aig a' Phort am Borgh

A different view of the cottages
at Port in Borve

An seann sabhal bhon iar-dheas, fear dhe na ciad
thogalaichean a bh' aig na Leòdaich; theirear gur
h-e an togalach as sine a tha na sheasamh am
Beàrnaraigh, is coltas gum buin e dhan 18mh linn

S.W. view of the old barn which was one of the
buildings owned by the Macleods; said to be the
oldest extant building in Berneray at Baile, dated
probably 18th c

Taobh a deas an t-seann Taigh-Gunna, mar a th' air
aig RCHMS agus ann an sgrìobhaidhean. Ach tha
a shuidheachadh agus a thogail ga fhàgail coltach
ri caibeal. Chuireadh mullach ùr air bho thogadh an
dealbh seo

Southern projection of the Old Gunnery (so called
by RCHMS and in publications); however it has the
positioning and structural characteristics of a chapel.
It has been re-roofed since this picture was taken

Taobh eile an t-seann Taigh-Gunna. Tha clàr os cionn an dorais ag innse, ann an Laideann, gum b' ann an seo a rugadh Sir Tormod MacLeòid, a rinneadh na Ridire às dèidh Blàr Worcester. 'S ann air an taigh fhèin a bha an clàr bho thùs, agus chuireadh an seo e nuair a leagadh an taigh

Opposite side of the Old Gunnery. The plaque above the door commemorates, in Latin, that this was the birthplace of Sir Norman MacLeod, knighted after the Restoration for services at the Battle of Worcester. In fact the plaque was originally in the main dwelling and on its demolition was placed in its present site

Crann-treabhaidh mar a bh' ann ri òige Dhòmhnaill...

An example of the kind of plough that was used in Donald's youth...

...agus cranachan

...and a churn

An ceòl / The Music

Coille an Fhàsaich

Ri̶ taobh Coill - e 'n Fhàs- aich, feasg - ar àgh - mhor leam̶ fhìn, bha̶ na

h-eòin air na crann- aibh, 's iad ri caith-ream gu binn; Gu robh

sìth air an Eil - ean fad mo sheall - aidh mun̶ cuairt, 's bha̶ mo

smuaint air mo chàird - ean a bha tàmh leam ann̶ uair.̶

Gràdh dùthcha

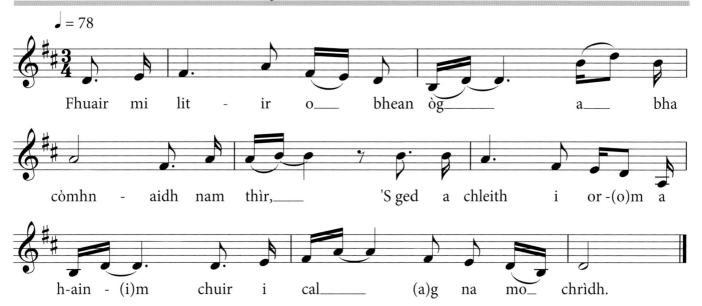

♩ = 78

Fhuair mi lit - ir o— bhean òg— a— bha

còmhn - aidh nam thìr,— 'S ged a chleith i or -(o)m a

h-ain - (i)m chuir i cal— (a)g na mo— chrìdh.

Mo nighean bheag bhàn

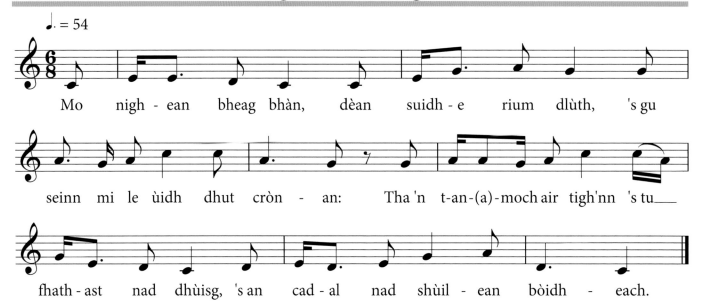

Mo nigh - ean bheag bhàn, dèan suidh - e rium dlùth, 's gu

seinn mi le ùidh dhut cròn - an: Tha 'n t-an-(a)-moch air tigh'nn 's tu___

fhath - ast nad dhùisg, 's an cad - al nad shùil - ean bòidh - each.

Luinneag na Corbhait

♪. = 108

"Seinn d' fhìd - eag suas, mo ghill___e cruaidh,"ghlaodh fear nam bann___ an

òir,_____ "'S dèan cabh - ag luath, 's na fàg na shuain aon seòl - dair truagh air

bòrd:_____ Tha Chabh - lach Mhars - an - ta sa chaol cur

smùid___ dhan àird an iar_____ Is Pàd - raig_ Gor-(o)m suas

ris gach___ crann mar shamh - la sinn___ bhith triall."_____

Dualchas

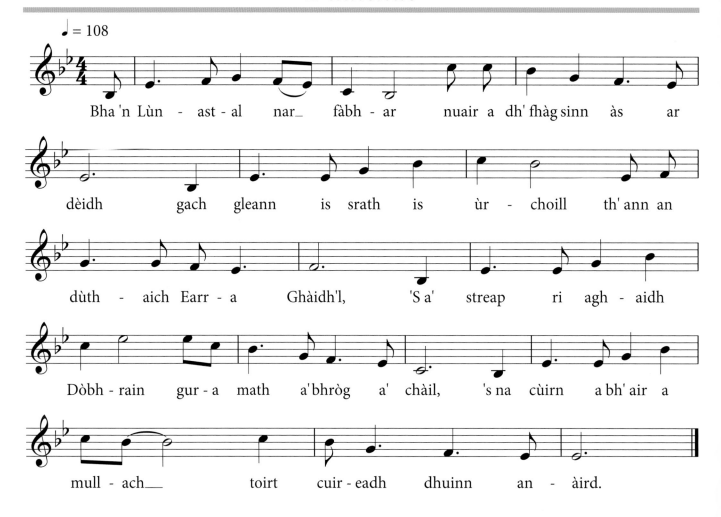

♩ = 108

Bha 'n Lùn - ast - al nar fàbh - ar nuair a dh' fhàg sinn às ar

dèidh gach gleann is srath is ùr - choill th' ann an

dùth - aich Earr - a Ghàidh'l, 'S a' streap ri agh - aidh

Dòbh - rain gur - a math a' bhròg a' chàil, 's na cùirn a bh' air a

mull - ach toirt cuir - eadh dhuinn an - àird.

M' eudail ghrinn

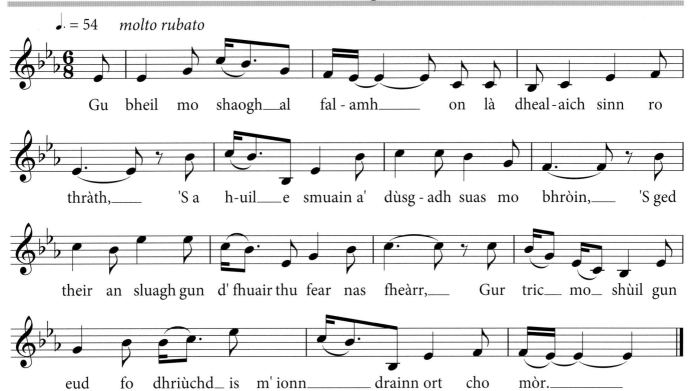

♩. = 54 *molto rubato*

Gu bheil mo shaogh—al fal - amh_____ on là dheal-aich sinn ro

thràth,_____ 'S a h-uil_____ e smuain a' dùsg - adh suas mo bhròin,_____ 'S ged

their an sluagh gun d' fhuair thu fear nas fheàrr,_____ Gur tric_ mo_ shùil gun

eud fo dhriùchd_ is m' ionn_____drainn ort cho mòr._____

Ròsan

Shuidh i___ rim___ thaobh aig cùl ar dach - aigh,___ a'
ghrian 's i gun neul___ a' siar - adh a - null, Ach bha
neul na ar smuain toirt bhuainn a beann - achd, 's gun
sunnd gun do shuidh sinn greis - eag bheag dlùth.

Waternish © Kevin Bree